전쟁놀이에 대한 새로운 접근

-부모와 교사를 위한 지침-

전쟁놀이에 대한 새로운 접근

-부모와 교사를 위한 지침-

Diane E. Levin & Nancy Carlsson-Paige 지음

손원경 · 남미경 · 김남희 옮김

창지사

저자서문

●●● 뜻밖의 여행

우리 두 사람은 거의 20년 전부터 전쟁놀이 문제를 연구하기 시작하였다. 그것은 이미 진행 중인 커다란 노력의 일부였다. 우리는 유아들이 세상에서 보고 들은 폭력을 어떻게 느끼는지에 대해 더 알고자 하였다. 폭력 문제가 유아들에게 어떻게 일어났는지에 관한 부모, 교사와의 면담에서 전쟁놀이가 언급되었고, 그래서 우리는 전쟁놀이에 대해 더 조사하기로 결정하였다. 우리는 우리가 생각한 것이 유아와 폭력에 대한 대형 프로젝트의 한 부분이라고 생각하지 못한 4년에 두 권의 책(1987년의 The War play Dilemma 초판과 1990년의 Who's Calling the Shots?*)을 출판하였다. 그리고 15년이 지난 지금 The War play Dilemma 두 번째 판이 나오게 된 것이다. 우리가 처음 이 일을 시작했을 때 전쟁놀이에 대한 우리의 관심과 유아들의 생활에서 전쟁놀이의 중요성에 대한 인식이 이렇게 오랜 시간을 거쳐 계속해서 발달하고 깊어지리라고는 생각하지 못하였다.

전쟁놀이를 관찰하면서부터 우리는 특별한 관점을 갖기 시작하였다. 우리는 유아교육자로서 전통적인 아동발달의 관점에서 출발하였다. 전쟁놀

* N. Carlsson-Paige, & D. Levin(1990). Who's Calling the Shots? How to Respond Effectively to Children's Fancination with War Paly War Toys. Gabriola Island, BC : New Society Publishers.

이는 유아들의 깊은 발달적 욕구를 충족시키기 위해 사용되는 한 가지 가치로운 방법임을 느꼈다. Nancy는 전쟁과 영웅게임을 하는 아들의 놀이를 단지 어린이의 놀이로만 여겼는데, 아들은 작은 성인으로서 비폭력적인 태도와 행동을 개발한다는 것을 알게 되었다. 우리는 유아교실에서 실제적이고 안전상의 이유로 놀이를 제한해 왔으나, 원칙적으로 놀이를 허용하는 것은 반대하지 않았다. 그리고 전쟁놀이가 많은 유아들에게 가장 중요한 관심거리가 아니었기 때문에, 전쟁놀이에 대해 많은 생각을 할 필요가 없었다.

우리가 전쟁놀이 연구에 착수하였을 때, 우리는 발달적 관점을 가지고 있었기 때문에 전쟁놀이와 전쟁놀이 장난감들이 유아들에게 폭력에 대한 해로운 태도를 갖게 하는 것 같다고 걱정을 하는 많은 부모와 교사들의 이야기에 주의를 기울이지 않았다. 심지어 우리는 전쟁놀이에서의 변화에 대해 부모와 교사들이 표현한 긴급한 사안과 걱정이 증가되는 것조차 알지 못하였다. 결국, 이러한 걱정들을 들은 지 약 1년이 지난 후에, 우리는 부모와 교사들이 말하는 것(즉, 더 많은 유아들이 과거보다 전쟁놀이에 더 몰두한다)에 주의를 기울이게 되었다. 또한 그들은 과거에는 쉽게 이루어졌던 전쟁과 무기 놀이에 대해 금지하는 것이 더욱 어려워진다고도 말하였다.

전쟁놀이에 대한 혼란과 걱정을 너무 많이 들었기 때문에 이를 더 잘 이해하기 위해 간략한 프로젝트의 책임을 맡기로 하고 자료 수집을 시작하였다. 우리는 질문지를 사용하였고 많은 부모, 교사들과 면담을 하였다. 또한 유아들을 관찰했고 그들의 놀이에 대해 몇 가지 인터뷰를 하였다. 우리는 유아들이 전쟁, 무기, 영웅 놀이에 대해 이야기하기를 바란다거나, 우리가 들어왔던 많은 강력한 주장과 걱정들에 동의할 준비가 되어 있지 않았다.

무관심하게 지나쳤던 유아기 매체와 장난감에서 최근 빠른 변화가 일어나는 것에 대한 내용을 접했을 때 우리는 깜짝 놀랐다. 즉, 우리가 우려의 목소리를 듣기 시작한 1년 전인 1984년에 FCC**가 유아에 대한 텔레비전 광고 규제를 해제하였다. 규제가 해제된 결과, 텔레비전 프로그램과 장난감들은 함께 판매될 수 있게 되었다. 장난감 판매의 거의 대부분이 매우 사실적인 장난감과 유아의 텔레비전 프로그램을 연결하기 시작하였다. 이러한 많은 프로그램과 장난감들은 대부분 폭력적인 것이다.***

유아들이 폭력 매체 및 이와 연관된 장난감에 노출되는 것이 증가하는 것과 교사와 부모들이 전쟁놀이에 대해 걱정하는 것들이 관련이 있는지에 대해 의문이 들기 시작했다. 아마도 폭력적인 매체들은 유아들이 화면에서 본 폭력 줄거리를 놀이하도록 이끌었을 것이다. 만약 이러한 결론이 맞다면, 폭력매체가 유아들의 전쟁놀이에 어떤 역할을 했으며, 유아들은 무엇을 배웠는지, 그리고 우리는 이 문제를 해결하기 위해 어떻게 해야 하는가? 1987년에 쓴 책은 유아기 매체와 놀이문화의 변화라는 측면에서 유아의 전쟁놀이를 성인들이 어떻게 해결할 것인지에 대해 재평가하기 위한 우리의 노력이었다.

** FCC: Federal Communications Commission(미국연방통신위원회)-통신 전문의 독립 규제 기관(역자 주)

*** 우리의 생각에 이러한 획기적인 변화가 일어난 것은 Tom Englehardt가 1986년에 Mother Jones라는 잡지에 쓴 매우 중요한 논문인 "Saturday Morning Fever: The Hard Sell Takeover of Kids' TV"를 발견했을 때 일어났다.

1980년대 중반에 텔레비전에 대한 규제가 해제되자, 유아들은 매체와 유아기 문화 폭력에 급격하게 노출되었다. 매체를 통해 유아들에게 물건을 판매하는 방식은 계속 상승하였고 더욱 더 교묘해졌다. 텔레비전 프로그램, 영화, 컴퓨터와 비디오 게임, 그리고 유아들에게 판매하는 매체와 관련된 모든 상품들이 유아들의 환경에 점점 더 파고들었다. 그리고 오늘날 유아들은 화면에서 보는 모든 오락 폭력들 외에도 2001년 9월 11일 이후 직접 보았던 것과 같이 뉴스에서도 일상적으로 폭력에 노출되는데, 부모와 교사들은 모두 이 비극적인 사건이 유아들의 놀이에서 어떻게 나타나고 있는지 설명하고 있다.

초판 발간 이후, 부모, 교사, 그리고 유아들은 폭력 매체와 매체 문화가 유아와 그들의 놀이에 어떻게 영향을 미치는지에 대해 더욱 더 많은 것을 우리들에게 가르쳐 주었다. 우리가 배웠던 것을 통해, 우리는 현재의 상황에 비추어 "전쟁놀이 딜레마"를 다시 생각할 수 있게 되었다.

이 책의 초판을 집필하는 과정에서 우리는 전쟁놀이 딜레마를 해결하는 하나의 완벽한 해답은 없지만, 전쟁놀이 딜레마에 빠져 문제를 해결하려는 유아, 부모, 교사들을 돕기 위해 할 수 있는 것은 많이 있다는 것을 알게 되었다. 이것은 지금도 여전히 사실이라고 생각한다. 이번에 쓴 2판은 유아들과 현대 사회에서의 전쟁놀이에 대한 효과적인 반응을 찾으려는 우리 노력(유아들에게 덜 유해한 환경을 만들기 위해 우리가 세상을 바꿀 수 있는 방법에 대해 생각하는 것과 같은)의 두 번째 단계이다.

이번 책은 3부로 나뉘어 진다. 1부 "들어가기"는 유아들의 전쟁놀이와 오늘날의 매체 문화에 대한 배경 정보를 제공한다. 우리가 전쟁놀이 딜레마를 이해하고 해결하기 위한 효과적인 전략을 개발한다면, 이러한 배경 정보를 통해 여러분은 우리가 언급하는 문제들을 더 잘 이해할 수 있을 것이다. 2부 "전쟁놀이 딜레마 이해하기"는 전쟁놀이를 허용할지 금지할지에 대한 상반되는 듯한 두 가지 접근법에 대해 설명하고 있다. 그리고 이 두 접근법이 오늘날의 세계에서 왜 잘 적용될 수 없는지, 그리고 왜 전쟁놀이에 대한 새로운 사고방식이 필요한지를 살펴볼 것이다. 마지막으로, 3부 "전쟁놀이 딜레마를 해결하기 위한 전략들"은 유아의 욕구와 현대 사회의 영향이라는 측면에서 전쟁놀이를 해결하는 데 가능한 방법들을 탐색한다. 여기서 우리는 오늘날 우리가 할 수 있는 최선을 다해 전쟁놀이 딜레마를 해결하기 위한 광범위한 지침과 전략들을 제공한다.

우리는 전쟁놀이와 관련된 문제들에 대해 더 많은 정보를 원하는 독자들을 위해 세 개의 부록을 제시하였다. 부록 1은 학교, 보육시설, 그리고 유사한 기관들에서 교사와 부모들이 워크숍으로 이용할 수 있는 전쟁놀이에 대한 질문과 답변을 제시하였다. 부록 2는 교사들이 교육과정을 계획하고 유지하도록 돕기 위한 접근법을 보여주는, 전쟁놀이와 관련된 두 개의 교육과정 망으로 구성되어 있다. 부록 3은 부모와 교사들을 위한 자료 목록을 설명과 함께 제시하였다. 추가적인 문헌, 전쟁놀이와 매체와 관련된 문제를 다루는 단체들, 전쟁놀이와 관련된 주제에 대한 성인용 비디오와 DVD들, 그리고 전쟁놀이 유아용 도서들이 부록 3에 포함된다.

감사의 글

20년 전 우리가 전쟁놀이 딜레마에 처음으로 관심을 갖게 된 것은 유아들을 가르치는 교사와 부모들이었다. 유아들의 전쟁놀이에 대한 고민들이 1980년대 중반부터 계속적으로 증가하였기 때문에, 사회에 중요한 변화(유아들에게 깊이 영향을 끼치는)가 일어났음을 알게 되었다. 그 이후, 우리는 우리의 질문에 응답하고 우리와 자유롭게 생각을 공유해 온, 수많은 교사와 부모들로부터 계속해서 배우게 되었다. 우리가 배운 수많은 것들은 교사와 부모들의 통찰과 경험으로부터 온 것이다. 그래서 여러 해 동안 우리를 가르쳐준 부모와 교사들 모두에게 먼저 감사드린다.

많은 부모와 교사들은 익명의 질문지를 통해, 혹은 협의회와 워크숍을 통해 우리에게 말해주었다. 그들의 이름을 모두 쓸 수는 없지만, 깊은 감사의 표현으로 그들의 목소리를 최대한 이 책에 제시하였다. 어떤 부모와 전문가들은 면담, 자문, 그리고 교실 방문을 위해 기꺼이 시간을 할애 해 주었다. Betty Jane Adams, Bev Bruce, Farr Carey, Jane Richardson Floyd, Lori Churchill, Martha Eshoo, Christine Gerzon, Kelly Kachinski, Judy Klein, Pamela Linov, Lisa Long, Mary Mayshark-Stavely, Elizabeth Powers, Deborah Rollins, Dawn Rouse, Debra Scavuzzo, Claire Semler, 그리고 Dana Vela. 그들에게도 감사를 전하고 싶다.

또한 본 저서에서 논의되고 있는 이슈들에 대한 이해를 도와주고 그 이슈들에 대해 뭔가를 하기 위해 노력하도록 결심하는 데 도움을 준 많은 동료들이 있다. 제일 먼저 Teachers Resisting Unhealthy Children's Entertainment(TRUCE)의 Steering Committee 구성원들이다. 이 조직은 The War Play Dilemma의 초판에서 제기되었던 이슈에 관하여 Diane을 도와주었던, 10년 전에 설립된 조직이다. 오늘날의 폭력적인 매체 문화로 인해 유아들에게 나타나는 피해를 줄이기 위해 부모들과 전문가들을 헌신적으로 도와주었던, 현재 구성원들, Jennifer Ablard, Laurel Felt, Marissa Golden, Sarae Pacetta, Kathy Roberts, Janet Schmidt, 그리고 Honey Schnapp에게 특히 감사드린다. 또한 Concerned Educators Allied for a Safe Environment(CEASE)의 동료들에게 특히 감사드린다. CEASE 동료들은 더 넓은 세상에서 뿐 아니라 유아들을 대상으로 한 그들의 연구를 통해 전쟁놀이 딜레마를 해결하기 위한 노력을 끊임없이 지원해 왔다. 그리고 유아들에게 전쟁놀이 장난감을 판매하는 것을 줄이는 데 기여한 단체인, Lion과 Lamb Project를 여러 해 동안 이끌어 온, Daphne White의 연구와 노력에 고마움을 전하고 싶다. 전쟁놀이 딜레마에 대한 초기 사고에 중요한 역할을 한 Mieko Kamii와 Karen Worth에게도 고맙게 생각한다.

또한 우리가 함께 연구할 수 있도록 좋은 환경을 제공해 준, Wheelock 대학과 Lesley 대학, 그리고 Lesley에 있는 Center for Peaceable Schools에도 감사드린다. 그리고 연구를 계속해서 지원해준 Zell Draz 가족에게도 감사드린다.

본 저서에서 제시한 연구와 글은 20년 이상 지속되어 온 저자들 간의 공동 노력 끝에 나온 것이다. 우리는 이 프로젝트가 제공해 주는, 풍부하고 만족스러운 경험들에 대해 서로에게 따뜻함과 감사의 마음을 표현하고 싶다.

본 저서에 나타난 모든 생각들의 중심에는 유아들이 있다. 노트와 녹음기를 가지고 그리고 놀이에 다가가는 것에 개의치 않고, 교실에서 우리를 수용해준 모든 유아들에게도 감사하다. 또한 유아들의 놀이에 대한 질문에 기꺼이 응해준 많은 사람들에게도 감사드린다. 특히 우리 아이들에게 감사한다. 여러 해가 지났음에도 불구하고, 유아들의 생활 속에서 놀이의 힘에 대해 더 깊이 생각하도록 했던, "Spider-Man"과 "Monster Frog"를 여전히 기억할 수 있다. 그리고 오늘날 매체 환경 속에서 새롭고 적절한 생각을 할 수 있도록 도와준 Jack과 Miles에게 감사하다. 본 저서에 언급된 모든 아이들에게 감사한 마음을 전하고 싶다.

역자 서문

집에서, 놀이터에서, 유치원이나 어린이집에서 걱정스러운 놀이 형태를 발견하게 되는 경우가 종종 있다. 총과 칼로 서로를 해치는 척 하는 아이들, 레이저를 발사하는 시늉을 하는 아이들, 서로 죽고 죽이는 놀이를 웃으며 하는 모습들을 보며 교사들은 유아들의 놀이에 개입할 적절한 시점과 방법을 고민하게 된다. 또한 TV에 넘쳐나는 폭력성과 또 TV 프로그램과 관련된 장난감들 앞에서 끊임없이 더 많은 것을 원하는 자녀들과 이를 적당한 선에서 말리고 싶은 부모들 사이의 갈등도 계속되고 있다. 역자들 모두 아이를 키우는 엄마로서, 또한 대학에서 예비교사들을 가르치거나 유아교육기관에서 유아들과 함께하는 시간 속에서 이러한 고민과 바람직한 방향에 대해 고민해 오던 중에 이 책을 만나게 되었다.

이 책에서 저자들은 전쟁놀이가 예전과 비교하여 어떻게 변화되었는지, 이로 인하여 유아교육기관과 가정과 사회에 어떤 어려움이 있는지에 대해 이야기하고 있다. 현대 사회에서 유아는 주변 환경의 폭력적 내용과 영상들을 끊임없이 접하게 되며 놀이를 통해서 자신의 경험들을 이해하려고 노력하기 때문에 무조건 이러한 놀이를 못하게 하는 것은 불가능하다. 그러나 이러한 놀이를 허용하면 또래와의 상호작용이나 부모와의 관계 또는 학급 관리에 여러 가지 어려움이 따른다. 이 책의 저자들은 전쟁놀이를 금지하거나 허용하는 교사와 부모들이 갖고 있는 어려움을 서술하면서 유아들의 전쟁놀이를 바람직한 방향으로 이끌 수 있는 해결책을 제시하고 있다. 이 책은 크게 세 부분으로 구성되어 있다. 1장과 2장에서는 현대 사회에서 일어나고 있는 전쟁놀이의 양상과 변화에 대해서 기술하고 있으며, 3장과 4장에서는 이러한 전쟁놀이를 보는 이론적 틀을 제시하고 있다. 5장, 6장, 7장에서는 전쟁놀이로 인해 학급에서 또는 가정에서 겪는 어려움을 해결하기 위한 구체적인 접근 방법을 사례중심으로 구체적으로 제시하고 있다.

역자들은 그 동안 유아들의 놀이에서 어렴풋이 느꼈던 것들이 명료하고 구체적으로 제시된 이 책을 읽으며 학문적, 실제적인 깨달음과 도전을 받았다. 함께 모여 공부하고 토론하는 동안 역자들은 때로는 폭력적인 환경에 노출되는 우리 아이들이 처한 현실에 가슴 아파 하면서 또 때로는 유아들의 놀이를 보다 긍정적으로 바라보고 접근할 수 있다는 기쁨에 가슴 설레기도 했었다. 유아들의 놀이가 예전과는 달리 지나치게 폭력적이며 무의미한 모방과 반복에 그치고 있다는 것을 눈치 챈 많은 부모들과 교사들에게 이 책은 실제적인 도움이 될 수 있을 것이다.

이 작은 책을 세상에 내 놓으며 역자들이 느꼈던 고민과 설레임을 독자들이 함께 느낄 수 있기를, 이를 통하여 유아들의 놀이에 작은 부분이나마 긍정적인 영향을 미칠 수 있기를 기대해 보지만 번역상의 문제나 문체상의 어색함으로 인해 이러한 느낌이 감소될까 걱정이 앞선다. 원저자의 뜻에 어긋나지 않도록 최선을 다 하였으나 부족한 점이 많으리라 생각된다. 독자들의 솔직한 충고와 좋은 의견을 기다린다.

유아들의 놀이에 대한 책을 번역하느라 함께 놀아주지 못한 우리의 아이들 상욱, 준석, 형석, 성훈 그리고 화영이에게 미안함과 고마움을 전한다. 또한 수업 중 이 책을 함께 읽고 토론하며 유아들의 전쟁놀이에 대한 의견을 나눈 학생들과 바쁜 일과 속에서도 기꺼이 번거로운 교정 작업을 맡아준 황해수, 차미영 선생에게 감사의 마음을 전한다. 끝으로 번역서 출판의 현실적 어려움 속에서도 기꺼이 이 책의 출판을 맡아주시고 편집을 위해 애쓴 창지사 관계자 여러분께도 진심으로 감사드린다.

2008년 1월

역자 일동

차 례

❶ 들어가기

❷ 전쟁놀이 딜레마 이해하기

❸ 전쟁놀이 딜레마를 해결하기 위한 전략들

Appendix

1

들어가기

오늘날 전쟁놀이에 대한 고민들 제 1 장

전쟁놀이는 오랫동안 있어 왔다. 전쟁놀이에 사용되었음직한 물건이 고대 이집트나 중세시대에서도 발견된다. 그러나 오늘날의 전쟁놀이는 과거와는 매우 다른 맥락에서 존재하고 있다. 지난 20년 동안, 텔레비전, 장난감, 영화, 비디오게임과 상품들이 유아의 전쟁놀이를 형성하는데 많은 영향을 미치고 있다.

1980년대 중반 이전에, 아이들의 전쟁놀이는 주로 자신의 경험이나 개인적인 욕구에 의해 발생하였다. 그러나 1984년에 방송 산업에 대한 규제가 해제된 이후[1], 모든 것이 변하였다. 규제가 해제되면서, 프로그램에서 상품을 활용하는 것이(텔레비전 프로그램과 관련된 장난감이나 제품을 판매하는 것이) 가능해졌고, 광고 시간에 대한 규제가 점차 없어졌다. 장난감과 텔레비전 산업은 만화 프로그램과 직접적으로 관련된 장난감을 유아에게 팔기 위해 재빠르게 움직였다. 산업체에서는 유아가 텔레비전에서 본 것을 놀이에서 사용할 수 있도록 장난감의 전체 품목을 개발하였다. 1985년

1) deregulation: 규제완화 또는 자유화정책이라고도 함. 행정상의 각종 규제를 완화 또는 철폐하는 정책(역자 주)

12월에, 가장 잘 팔리는 장난감 10개 중 9개는 텔레비전 프로그램과 관련되어 있었고, 1987년 가을에 아동 텔레비전 프로그램 전체 중 80%는 장난감 회사가 제작한 것이었다.

교사와 부모들은 유아와 관련된 상품 시장의 변화가 유아의 놀이와 행동에 어떤 영향을 미치는지 금방 알 수 있었다. 교육자, 특히 유아와 오랜 시간을 함께 보내는 사람(전쟁놀이를 허용하든, 혹은 금지하든지 간에)들은 전쟁놀이에 대해 걱정하기 시작하였다.

전쟁놀이를 허용해왔던 사람들은 유아의 놀이가 점차 매우 반복적으로 이루어진다고 말한다. 이들은 유아가 놀이를 점차 정교화 시켜나가지 않고 같은 놀이를 기계적으로 계속해서 반복하는데 열중한다고 말하였다. 또한 유아들이 텔레비전에서 본 인물인 것처럼 가장하고, 텔레비전에서 본 내용과 비슷한 장면을 자주 놀이한다고 말한다. 이러한 놀이 시나리오에서는 단순하고 정적인 주제를 사용하며, 공격적인 '마초'와 일정한 양식에 맞춘 행동이 결합된, 목적 없이 뛰어 다니는 행동이 많이 나타난다.

발달적 관점[2]을 지닌 한 학교장은 나에게 다음과 같이 말하였다:

> 아들이 2살 때 이혼했어요. 어렸을 때 아들은 모든 종류의 무기나 영웅놀이를 좋아했죠. 나는 언제나 아들에게 그러한 것들이 필요하다고 느꼈어요. 자신의 분노를 표현하고, 삶에 대한 통제감을 느낄 수 있게 해준다고 생각했죠. 다른 아이들도 놀이에서 충족시키는 자신만의 욕구가 있다고 생각했어요. 그러나 요즘 "싸움" 놀이를 보고 있으면, 정말 걱정이 되요. 아이들은 같은 것을 자꾸자꾸 반복해요. 잘 되어 가는 것 같지 않아요. 아이들은 아무런 목적 없이 "퍽" 또는 "빵빵"이라고 말하면서 뛰어다녀요. 정말로 옳지 않아요.

2) 3장 참고

전쟁놀이를 금지하려고 노력해왔던 많은 사람들 또한 규제가 해제된 후에 보이는 변화(특히 공격과 폭력 수준에서의 극적인 증가)들에 대해 걱정을 한다. 그들은 전쟁놀이 차원을 넘어서 점점 더 모든 종류의 유아 놀이에로 퍼지고 있는 것 같다고 하였다. 많은 유아들은 남을 해치는 척 하는 것과 실제로 다른 사람을 해치는 것을 구별하지 못한다. 어떤 아이는 다른 친구를 공격할 때, 그것을 깨닫지 못할 뿐만 아니라, 그에 대한 책임감을 가지려고도 하지 않는다. 결과적으로, 유아들은 텔레비전에서 직접 본 군대식 행동을 하는 인물을 점점 더 많이 모방하고 있다. 한 3세반 교사의 이야기를 들어보자.

> 나는 교실에서 전쟁놀이를 허용하지 않지만, 전쟁놀이가 일어나고 있다고 확신해요. 몇몇 아이들은 어떻게든 전쟁놀이를 하는 방법을 찾아요. 한 남아는 손에 빨간 페인트를 들고, "총 맞은 곳에서 나온 피"라고 말하면서 다른 친구를 위협하러 돌아다녀요. 또 다른 아이는 아무런 경고도 하지 않은 채, "람보"라고 말하면서 공놀이를 하고 있는 친구에게 가서 부딪히기 시작해요. 최근 소꿉놀이 영역에서 세 명의 아이들이 테디 베어의 목을 잡아 뜯었어요. 그 아이들이 제게 한 말은 그 곰이 "나쁜 아이"이라는 것 뿐 이었어요. 아이들은 전쟁놀이를 마음에서 몰아낼 수 없는 것 같아요.

1980년대의 규제해제 이후 교사들이 나타냈던 많은 걱정들은 현재까지도 계속되고 있다. FCC[3]는 방송국, 매체, 장난감 산업에 우호적이면서 규제가 거의 없는 방침을 계속해서 허용하고 있다. 그 결과, 규제해제 이후 10년간 사회적 분위기는 전쟁놀이에 영향을 미쳤으며, 이는 대부분 아동의 건전한 놀이에 해가 되는 것이었다. 2장에서 보다 자세히 다루어질 것이다.

---

3) p.5 참고

주요 매체의 결합은 1980년대 이후로 점차 증가하였고, 이로 인해 모든 종류의 매체와 생산품을 어린이들에게 판매하는 것이 더 쉬워졌다. 영화, 텔레비전 프로그램, 비디오, 비디오와 컴퓨터 게임, 장난감, 상품과 패스트푸드 업계는 함께 특정 프로그램과 관련된 제품들을 팔고 있다. 1980년대에 시작된 문제는 오늘날에도 여전히 교사와 부모들이 지적하고 있지만, 최근에는 새로운 문제가 포함되면서 우려나 걱정이 더 많아지고 있다. 성인들이 전쟁놀이에 접근하는 방법을 찾으려고 시도할수록 점점 더 많은 어려움을 겪게 되는 데는 여러 가지 요인이 있는 것으로 보인다.

1. 유아교육 기관에서의 문제

오늘날 많은 교사들은 유아가 전쟁놀이를 하려고 할 때 마다 어려움을 겪는다. 다른 어떤 놀이에서 보다 전쟁놀이에서 더 많은 갈등이 일어난다. 일부 아동(특히 남아)들은 놀이에 사로잡혀서 전쟁놀이 주제를 교실의 다른 영역에서도 하려고 한다.

미국이 이라크를 침공한 1년 후인 2003년, 한 교사는 매우 힘든 한 해를 보냈노라고 말하였다(그 시기 동안 다른 교사들로부터도 비슷한 이야기를 들었다). 어려움을 겪은 주된 이유는 4세 남아들의 전쟁놀이 때문이었다.

> 일 년 내내 한명을 제외하고는 모든 남아가 전쟁놀이에 사로잡혀 있었어요. 그들은 같은 주제를 약간 변형하여 계속적으로 반복하였죠(놀이 중에는 죽여야 할 나쁜 편이 있었다). 물놀이나 모래놀이 영역에서, 레고나 블록 영역에서, 심지어는 극놀이 영역에서도 다른 친구나 사물을 "나쁜 편"이라 지정하고, 공격하는 척 하였어요. 나는 아이들이 죽이는 놀이를 하지 않도록 안내하였고, 이제는 아이들이 감옥을 만들어 나

쁜 아이를 거기에 넣어요. 그것은 성공적이었지만 아이들이 나쁜 아이라는 것에 집착하지 않고 놀이하도록 유도하는데 오랜 시간이 걸렸어요.

전쟁놀이를 허용하거나 금지하는 것과는 상관없이, 교사와 양육자들은 전쟁놀이가 유아, 동료, 부모들과의 긴장과 갈등을 매우 자주 야기하는 주제라고 말한다. 우리는 이것을 영아반인 2세반 교사로부터 들었다.

전쟁놀이를 언제나 금지하는 "사회정치적 관점"을 고집하는 많은 사람들은 전쟁놀이를 금지하는 것이 옛날에 비해 더 이상 효과가 없다고 말한다. "총은 안 돼" "학교에서는 싸움놀이는 하지 마" 등의 규칙을 더 자주 반복해서 말하게 된다고 한다. 한 교사가 우리에게 다음과 같이 말했다.

나는 15년 동안 교직에 있었어요. "학교에서 총을 쓸 수도 없고, 총이 사람을 해칠 수 있기 때문에", 진짜 총이건 가짜 총이건 간에 총은 가지고 오지 마라는 방침을 가지고 있었죠. 비록 가장한 것일지라도 다른 사람을 해치는 척 하는 것은 옳지 않다는 것을 아이들이 알기를 원해요. 나는 여전히 그 방침을 가지고 있지만… 예전보다 이러한 규칙을 2, 3배 더 자주 말해줘야 한다는 것을 느껴요. 나는 인내심을 잃어 가고 있어요.

일상적으로 전쟁놀이를 금지해왔던 다른 교사들은 아이들이 총을 몰래 사용하거나 '학교에서 총 금지'라는 규칙을 교묘하게 어기는 방법을 찾는다고 한다. 예를 들어, 과자를 깨물어 총 모양으로 만들고, 이를 손가락에 끼어, 과자가 잘려나간 자리를 방아쇠처럼 당긴다. 교사가 '학교에서 총 금지'라는 규칙을 상기시켜 주면, 아이는 과자를 들어, 그것은 총이 아니라 알파벳 'L'이라고 대답한다. 이런 종류의 문제를 경험한 몇몇 교사는 아이들이 매우 어린 나이에 속이고, 거짓말 하는 것을 배우는 것에 대해 우려를 나타낸다.

명확한 구조와 한계를 두고(예: 운동장에서는 괜찮다. 진짜 총은 안 된다)전쟁놀이를 허용하는 것이 괜찮다고 생각하는 교사는 놀이를 통제하기 더욱 어려워지며, 유아가 다치는 경우가 점차 증가하고, 이를 다루는 기술을 새로운 수준으로 높여야 한다고 말한다. 이러한 예를 제시하면 다음과 같다.

> 나는 언제나 극놀이 영역에서 장난감 총은 비치하지 않고(장난감 총을 "진짜 총"이라고 불렀다) 전쟁놀이나 영웅놀이를 제한적으로 허용해왔어요. 그러나 이러한 것에 의문이 들기 시작했죠. 한 아이가 장난감 "레이저"를 가지고 와서 그것은 "총이 아니기 때문에" 괜찮은지 물어봤어요. 일부 아동들이 그 놀이에 매우 몰입되어 블록놀이 영역에서 벗어나서는 교실의 아이들에게 총을 쏘거나 가라데[4] 자세를(파워레인저에서처럼) 취했어요. 나는 그러한 놀이를 완전히 금지해야 하는 것인지 생각하기 시작하면서, 놀이를 통제하고 규칙을 설명하느라 많은 에너지를 쏟아야만 했어요.

전쟁놀이를 허용하는 경우나 금지하는 경우나 우리는 교사들로부터 여러 가지 우려의 목소리를 듣게 된다. 예를 들어, 몇몇 교사는 여아들이 전쟁놀이를 하는 남아들과 어울리는데 어려움이 있다고 말한다. 교실에서 여아와 남아 간의 성분리가 더 커지며, 남아 - 여아 우정관계가 더 줄어든다고 말한다.

특히 2001년 9월 11일의 9.11사태[5] 이후로 텔레비전 뉴스에서 들은 폭력적인 내용이 놀이에 더 많이 나타나고 있다고 한다. 교사들은 유아의

4) 가라데: 일본을 대표하는 타격계 격투술(역자 주)
5) 9.11사태: 2001년 9월 11일 오전 미국 워싱턴의 국방부 청사, 의사당을 비롯한 주요 관청 건물과 뉴욕의 세계무역센터 빌딩 등이 항공기와 폭탄을 동원한 테러공격을 동시다발적으로 받은 사건(역자 주)

전쟁놀이에서 볼 수 있는 텔레비전 프로그램, 영화, 비디오 게임의 폭력적인 내용과 미디어와 연결된 실제적인 장난감의 영향에 대해 말하였다. 몇몇 교사는 영웅만화와 같은 '오락' 폭력에 연결된 놀이와 실제 세계에서의 폭력과 연결된 놀이를 구분하는 것이 중요한지를 궁금해 하였다. 실제와 가장하는 것간의 명확한 구분을 하지 못하는 유아가 놀이를 할 때 이러한 폭력을 어떻게 이해하는지 알고 싶어 하였다.

교실이나 학교에서 반드시 채택해야 하는 전쟁놀이 정책에 대한 교사와 양육자 간의 의견 불일치에 대해서도 들었다. 다음 예는 교사들이 보고한 문제의 예이다.

> 동료 교사와 나는 전쟁놀이와 영웅놀이에 대해 동의할 수 있는 접근을 찾기 위해 많은 어려움을 겪고 있다. 동료 교사는 유아들이 다른 사람을 해치는 척 가장하는 것을 무척 싫어하며, 전적으로 금지하고 싶어 한다. 나는 유아들이 전쟁놀이에 집착하는 것을 알고, 유아들이 그것을 다루는 것을 돕기 위해 노력한다. 우리는 아이들을 다루는 방법이 다르다. 이러한 것 때문에 교실에서 많은 긴장이 야기된다고 생각한다.

전쟁놀이에 대한 자신의 방침을 지속적으로 적용하려고 애쓰는 교사는 유아들의 지속적이고 창의적인 저항에 자주 부딪히게 된다. 이러한 것들로 인해서 때로는 부모를 비판하게 되기도 한다. 교사들은 부모들이 왜 자녀들을 미디어와 장난감의 부적절한 폭력에 노출 시키는지에 대해 의문을 갖는다.

2. 가정에서의 문제

부모들에게 질문지와 개별 면담을 이용하여 질문한 결과 교사들만이 전쟁놀이에 대한 불편함과 혼돈을 경험하는 것은 아니라는 것을 알 수 있었다. 어린 자녀, 특히 아들을 둔 많은 부모들은 전쟁놀이가 계속 일어나고 있으며 부모와 자녀간의 갈등의 많은 원인이 되고 있다고 말한다. 많은 이들이 혼란을 겪고 있고, 더 이상 제어할 수 없다고 느끼기도 한다. 어떤 부모는 전쟁놀이에 자녀가 참여하는 것을 제한하거나 영향을 미치는 것을 포기한 것처럼 보인다. 청소년 자녀를 둔 부모들이 이러한 소외감에 대해 이야기 하는 것은 흔한 일이지만, 유아기 자녀를 둔 부모들이 이러한 이야기를 하는 것은 쉽게 기대할 수 없었던 일이였다.

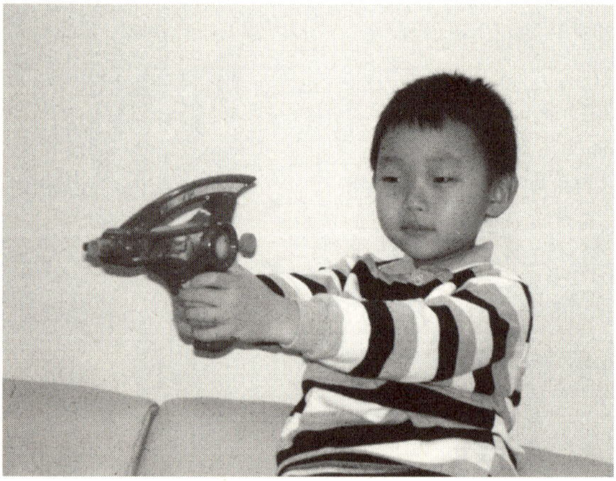

전쟁놀이가 자녀나 부모들에게 왜 그토록 스트레스가 된다고 생각하는지를 부모들에게 물어보았다. 부모들은 아주 많은 이유를 제시하였다. 부모들은 사회의 변화(텔레비전과 다른 매체, 광고의 증가, 매체를 통해 광고되는 장난감과 제품들)를 어려움의 주된 원인이라고 지적하였다. 부모들은 이 사회가 유아들에게 보여주고 있는 폭력(오락에서 그리고 실제 세계에서)과 이런 것들을 피하기가 얼마나 어려운지에 대해 걱정하고 있었다. 전쟁, 영웅, 무기 놀이를 생각나게 하는 어떤 것을 만나지 않고 텔레비전을 켜거나, 다른 집에 방문하거나 또는 슈퍼마켓, 장난감 가게, 놀이터에 가는 것은 불가능하다고 말하였다.

많은 부모들은 유아의 놀이에서 볼 수 있는 공격의 종류와 양 뿐 아니라 매체의 폭력적인 주제와 관련된 장난감과 제품들을 끊임없이 갖고 싶어 하는 것에 대해 당황하고 있었다. 자녀가 전쟁놀이에 흥미를 갖게 되는 주된 원인으로 학교에서의 또래 집단을 지적하기도 하였고, 때로는 학교에서 놀이를 허용하는 교사를 탓하기도 하였다. 부모들은 친구, 자녀를 둔 친척, 교사, 양육자와 전쟁놀이에 대해 자주 이야기한다고 말하였다.

6세 아들을 둔 부모의 다음과 같은 이야기는 부모들이 표현한 많은 문제들을 나타내고 있다.

> 준성이는 3살 때 이웃에서 전쟁놀이에 대해 배웠어요. 폭력적인 텔레비전 프로그램과 장난감을 집에 두지 않으려고 노력했지만, 준성이가 4살 때 조부모께서 장난감 총과 영웅 놀잇감을 선물했었죠. 장난감 가게에 가면 언제나 이러한 장난감들 때문에 싸우게 되요. 그리고 내가 준성이에게 집에서 텔레비전을 보지 못하게 하면, 준성이는 이웃이나 친구 집에 가서 볼 거예요. 이런 모든 것들 때문에 나는 내가 더 이상 통제할 수 없다고 느끼게 되죠. 나 스스로 "통제하지 못하게" 될까봐 두려워요. 소리를 지르고 화를 내게 되죠. 그러나 이것은 도움이 되지 않아요. 준성이의 모든 친구들은 그것(전쟁놀이)을 하거든요. 나는 전쟁놀이에 대해 내가 아무 것도 할 수 없다는 것을 느낄 때가 많아요. 어디서부터 바꿔야 하는지 모르겠어요.

몇몇 부모는 아이들과의 관계에서 오는 갈등이 다른 성인들과의 갈등으로 연결된다고 설명하였다. 아래에서 한 어머니('사회정치적 관점'[6]을 지니기 시작한)는 어떤 정서적, 개인적, 정치적 신념을 지녔는지와 유아에 대한 우려가 모든 부모들이 경험하는 전쟁놀이에 대한 '딜레마'의 원인이 된다고 말하고 있다.

8살짜리 아들이 전쟁놀이와 영웅놀이에 대해 관심을 갖는 것 때문에 남편과 나의 갈등은 점차 증가하고 있어요. 준석이는 그것에 "사로잡힌" 것처럼 보여요. 준석이는 [뉴스와 신문의 사진에서 본] 군대 폭격기, 미사일, 총을 자세히 묘사한 전쟁 장면을 그리느라 끝없이 시간을 보내요. 또한 텔레비전 만화, 비디오게임, 영화에서 본 가작화된 영웅을 그리죠. 준석이는 변장 옷과 GI Joe[7]와 영웅 장난감을 갖고 싶어 해요. 우리는 그것들을 사주지 않겠지만, 준석이는 용돈으로 자기가 원하는 것을 할 수 있죠.

준석이가 3살 무렵, 장난감 총에 처음으로 관심을 보였을 때, 우리는 집에서 총을 사용하지 못하도록 하였어요. 우리는 준석이가 총과 폭력은 놀이에서 조차도 공격적인 것이라는 것을 알기를 바랐죠. 총을 쏘고 죽이는 놀이를 보는 것이 편하지 않았고, 우리의 가치를 준석이에게 가르쳐야 한다는 책임감을 느꼈어요.

그러나 이러한 것에 대한 우리의 입장을 지키는 것이 매우 어렵다는 것을 알게 되었어요. 준석이는 무엇으로도(손가락, 점토, 서류집게) 총을 만들어냈어요. 준석이는 조부모나 산타클로스에게 끊임없이 총이나 다른 장난감을 요구했어요. 친구 집에 가면 언제나 이러한 장난감을 제일 먼저 찾았어요. 왜 친구들은 그런 장난감을 가져도 되는데, 자신은 그럴 수 없는지에 대해 우리가 설명해주는 것보다 전쟁 장난감에 대한 매력이 훨씬 강력했었던 거죠.

여러 노력에도 불구하고, 이 놀이를 완전히 멈출 수 없다는 것을 우리는 점차 깨닫게 되었어요. 내가 주장해서, 우리는 마침내 준석이에게 장난감 총을 주기로 결정했어요. 우리는 이것을 가지고 준석이와 실제 권력 싸움을 했어요. 구체적인 제한을 두고, 우리의 가치에 대해 많이 이야기하면서 총을 사용하도록 하는 것이 더 좋은 방법이라

6) 3장 참고.
7) GI Joe: 미국 병사가 악당과 싸워 정의를 지켜내는 내용의 텔레비전 만화.(역자 주)

고 결정하게 되었던 거죠. 이렇게 함으로써 총과 전쟁놀이에 대한 준석이의 관심이 줄어들기를 희망했었던 것 같아요.

그러나 내가 희망했던 대로 일이 진행되지는 않았어요. 시간이 지나면서, 준석이는 점점 더 이 놀이에 몰두했고, 이제는 준석이의 주된 관심 중 하나가 된 것처럼 보여요. 우리는 더 많은 규칙을 정했지만 언제나 불편하고 모호했고 남편의 경우는 특히 그랬어요. 남편은 그 놀이를 허용하는데 절대 동의한 것이 아니었는데, 어떻게 해야 하는지에 대한 좋은 생각이 없었고, 그래서 내 결정을 따르고 있었던 것이었거든요. 그러나 이제는 진짜 갈등에 직면하게 되었어요. 남편은 우리가 군인과 전쟁도발자를 만들고 있다고 확신하고 준석이와 나의 함정에 빠진 것처럼 느끼고 있어요. 나는 여전히 이러한 놀이와 전쟁그림은 준석이가 가지고 있는 기본적인 욕구를 어느 정도는 충족시켜 주고 있다고 생각하며, 준석이의 다른 흥미를 대하는 것과 같은 방식으로 전쟁놀이에 대해 다루어야 한다고 생각해요. 이러한 놀이에 대하여 준석이가 그토록 열광하는 이유를 여전히 모르겠지만, 충족되지 못한 정서적 욕구를 나타내는 것이 아닌가 생각해요. 그러나 나는 여전히 준석이가 지나치게 공격적이거나 비열한 아이가 아니라고 생각해요. 준석이는 다른 사람들을 배려하는 것처럼 보이거든요.

3. 교실과 가정 밖에서의 문제

때때로, 전쟁놀이나 영웅놀이 때문에 야기된 문제와 걱정들은 직접적으로 관련된 성인이나 유아에게 보다도 더 많은 사람들에게 영향을 미치며, 때로는 더 넓은 사회를 혼란스럽게 하는 결과를 낳는다. 이러한 상황은 '가장된' 폭력의 주제에 대해 성인과 유아가 얼마나 다른 관점을 지닐 수 있는지를 보여준다. 이러한 이야기를 들을 때, 우리는 전쟁놀이나 영웅놀이를 보다 깊이 이해하고, 이것을 다루는 새로운 전략을 고안하는 것이 얼마나 중요한지에 대해 절박하게 깨닫게 된다.

> 나는 교직 경험이 많고, 대규모 아동보육 및 방과 후 센터에서 교장을 맡고 있어요. 최근에 나는 도움이 필요한 상황을 경험했습니다. 6살 된 남자아이가 어떤 여자아이에게 "널 쏠 거야"라고 말한 일이 있었거든요. 나는 이런 부적절한 표현에 대하여 적절하고 구성주의적이라고 생각되는 방식으로 두 아이와 함께 이야기를 나누었고 그날은 더 이상의 사고 없이 무사히 끝났어요. 그런데 위협을 받았던 아이가 집에 가서 이 일에 대해 부모에게 이야기를 했고, 부모는 다음날 경찰에 이를 신고를 했던 거죠.
>
> 전반적인 경찰 조사가 벌어졌어요. 우리 센터는 '언어적 위협'에 대한 정책이 없다는 이유로 인해 부모와 경찰 모두로부터 질책을 받았어요. 우리 지역의 다른 유아교육기관에 문의하였지만 유아의 발달적 진보에 적합하게 언어적 위협의 문제를 다루는 정보나 정책은 없었습니다. 무서운 '레고 총'이나 과자를 씹어 총 모양으로 만들고는 교사나 다른 친구에게 "빵, 빵. 너는 죽었어!"라고 말하는 유아에 대하여 어떠한 정책으로 그렇게 하지 않도록 할 수 있겠어요?[8)]

앞의 상황은 더 큰 사회까지 영향을 미쳤고, 전쟁놀이가 직접 관련된 아동과 성인 외에까지도 문제를 일으킬 수 있다는 것을 깨닫게 해 주었다.

다음은 6세 자녀에 대해 걱정하던 부모의 이야기 중 일부인데, 학교 내에서의 일이다. 그러나 아동이 다른 사람과 상호작용할 때 전쟁놀이가 잠재적인 위험이 있음을 보여주고 있다. 어린 아동 간의 또래 괴롭힘의 빈도가 점차 증가하고 있다는 이야기를 점점 더 많이 듣게 된다.

> 나는 '알파 팀[9)]'이라는 레고 시리즈가 참 궁금해요. 이 장난감은 레고 조각들로 구성되어 있고, "착한" 사람과 "나쁜" 사람을 나타내는 다양한 인물을 만들 수 있도록

---

8) 이러한 상황은 미시간에서 6세 남아가 총을 학교에 가지고 와서 친구를 살해한 사건이 일어난 직후에 발생했다. 이 사건은 뉴스에서 많이 다루어졌다.

9) 알파 팀: 적에게 잡힌 요원을 구출하고 적의 지휘 본부를 찾아 제거하는 임무를 수행하도록 구성되어 있는 조립 완구(역자 주)

되어 있죠. 레고는 교육적이고, 자유롭게 놀이를 구성하는 장난감이라고 나는 늘 생각해왔어요. 그러나 이제는 레고를 아들 상욱이를 위해 가게에서 결코 사서는 안 될 제품화된 놀잇감이라고 생각하게 되었어요.

알파 팀은 상욱이와 친구들이 운동장에서 그 인물들 역할을 하며 놀 때 문제를 야기하고 있어요. 아이들은 "착한 편"이 되기로 결정했고, 따라서 "나쁜 편"이 필요하게 되었죠. 아이들(착한 편)은 운동장에서 놀고 있는 아이 한명을 "나쁜 편"으로 선택하고 난 후, 그 아이를 공격했어요. "나쁜 편"은 울음을 터뜨렸고, 내 아들과 친구들은 "못살게 구는 아이들"이라고 교장실에 불려가는 것으로 사태는 끝이 났어요. 그 아이들은 자신은 단지 "착한 편"을 "가장했을" 뿐이라고 계속해서 설명하려했죠. 이러한 일이 지난달에 3번 일어났고 부모들에게 회의에 참석하라는 연락을 받았어요. 이 사건에서 장난감이 어떤 역할을 했는지 이해하려고 애쓰고 있지만, 이러한 문제는 우리에게는 새로운 것이에요. 장난감을 치우는 것도 생각해봤지만, 문제는 벌써 일어났고, 그렇게 한다고 놀이가 멈춰지지는 않을 거예요.

전쟁놀이와 관련된 문제들을 이해하고 다루려고 노력할 때, 부모들은 '안 된다고 말하는 것만으로' 그러한 문제가 일어나지 않을 것인지에 대해 많이 묻는다. 그러나 유아교육기관의 원장은 오늘날의 부모들이 왜 이렇게 할 수 없는지에 대해 잘 알고 있다.

나는 오늘날 유아교사와 부모가 부럽지 않아요. 나는 평화주의자이고, 자녀가 어리고 교직을 처음 시작했을 때, 집이나 학교에서 전쟁놀이나 무기놀이를 허용하지 않았어요. 대부분의 어린이는 이것을 쉽게 받아들였죠. 이제 나의 아들은 나와 정치적 견해를 같이하고 있어요. 아들은 이제 6살 된 자기 아들에게 집에서 전쟁놀이를 금하고 있어요. 이것은 끊임없이 노력해야 하는 것이라고 말해요. 자녀의 모든 환경(친구, 놀잇감, 텔레비전 프로그램, 광고)에는 폭력과 공격성이 스며들어 있는데, 이것은 아이들의 놀이에서 계속해서 나타나죠. 우리 학교의 교사와 많은 부모들도 같은 이야기를 하고 있어요. 그들은 교실이나 가정에서 이런 놀이를 멈추게 하기 위하여 무엇을 해야 할지 모르고 있어요.

요약하면, 부모와 교육자들이 어떤 관점을 갖든지 간에 유아의 전쟁놀이와 영웅놀이가 아이들과의 관계에서 점점 더 갈등의 원인이 되고 있다. 그들은 다음과 같이 말하고 있다.

- 아동의 전쟁놀이에 대한 텔레비전과 다른 매체의 영향을 점점 더 많이 발견하게 된다.
- 아동들은 전쟁놀이에 더 많이 사로잡힌 것으로 보인다.
- 점점 더 많은 장난감들이 폭력적인 매체와 연결되어 있고, 이런 것들을 아이들로부터 멀리하는 것이 점차 더 어려워지고 있다.
- 전쟁놀이를 허락하거나 관리하거나 금지하기가 점점 더 어렵다.
- 전쟁놀이가 일어나면, 더 많은 아이들이 다친다.
- 전쟁놀이로 인해 교사의 통제력이 떨어지고 교육과정이 방해를 받는다.

4. 놀이에서의 변화

전쟁놀이에 대해 연구하기 시작한 이래로 또 다른 요인들이 점점 더 나타나고 있다. 어른들은 전쟁놀이나 영웅놀이 자체만으로는 더 이상 걱정하지 않는다. 이제는 아동의 일반적인 놀이가 변하고 있다고 걱정하는 부모나 교사들의 이야기를 많이 듣게 된다.

유아교육기관에서 놀이를 교육과정의 중심에 두려고 노력하는 경험이 풍부한 한 교사의 이야기를 들어보자.

> 아동의 놀이는 예전처럼 다양하거나 폭넓게 이루어지지 않아요. 아이들은 같은 것을 계속계속 반복해요. 아이들은 다른 방식으로 하려고 노력하지 않는 것처럼 보여요. 하나를 시도하고는 가버리죠. 모두가 그렇게 해요. 대충 스쳐지나가는 것 같아요. 더 폭넓게 놀이 할 수 있는 시간을 주면 좋은 것 같은 아이들도 몇몇 있지만 교사는 아이들이 스스로 그렇게 하기를 바라죠. 아이들은 어떤 것에도 집착하지 않아요. 이는 텔레비전 채널을 계속 돌리는 것과 같아요. 이러한 것들이 "모든 것이 예전과 같지 않아서"라고 생각하지는 않아요. 나는 이러한 것이 두려워요. 이들이 얼마나 어린지 보세요. 이 아이들이 12살이 되면 어찌되겠어요?

교육자들 또한 어떻게 놀아야할지를 모르는 것처럼 보이는 아이들이 점점 더 많아지고 있다고 말한다. 아래에 인용된 한 교사의 이야기는 우리가 여러 사람들에게서 들은 것을 잘 나타내주고 있다.

> 나는 교실에서 개방된 놀이시간을 갖는 것을 멈출 수밖에 없었어요. 여러 해 동안 아이들이 흥미 있을 것이라고 생각되는 놀이와 탐색의 기회가 많이 일어날 수 있도록 놀잇감들을 비치해두는 흥미영역을 두었었죠. 그러나 내가 놀잇감들을 비치해두었을 때 아이들은 그것을 가지고 무엇을 해야 할지 모르는 것 같아 보였어요. 몇몇 아이들은 잠깐 손을 대고는 다른 활동으로 옮겨가거나 다투죠. 나는 보다 더 많이 구조화된 활동을 제공해야만 하고, 아이들이 보다 창의적인 방식으로 놀이하는 것을 배우도록 더 많이 노력해야만 해요.

Diane(이 책의 저자 중 한 사람)이 몇 년 전에 면담했었던 교사를 최근 다시 면담했을 때 들은 결과에 대해 우리는 걱정하고 있다. 10년 전, 우리는 이 교사가 자기 학급의 아동들에게 제공했던 매우 질 높은, 창의적이고 정교한 극놀이를 보고 크게 감동했었다. 그것은 아동의 삶과 그들을 둘러싼 세계에서 가장 절박한 문제들을 결합시킨 놀이였다. 이번에 그 교사에게 다시 물어보았더니, 그 교사는 다음과 같이 대답하였다.

지금 우리의 고민은 아동들이 해로운, 서로 상처를 입히는 놀이를 매우 많이 한다는 것이에요. 나는 이러한 갈등을 해결하는데 많은 시간을 보내고 있어요. 아동들 간에 갈등이 생기면 아이들은 언제든지 때리려고 해요. 교사가 이름을 부를 것이라는 것도 알고 있어요. 이러한 문제는 점차 증가해왔지만 이전에 비해 최근 몇 년간에 이 문제는 더 많이 증가하고 있죠. 이 문제는 계속 증가하고 있어요. 지난 몇 년간 점점 더 많은 아동들이 이러한 것에 열중하고 있는 것처럼 보여요.

이 교사는 특히 걱정되는 오늘날 놀이의 특징 몇 가지를 열거하였다.

아동들이 보다 공격적이다. 아동들은 다른 사람들에게 소리칠 준비가 되어 있다. 예를 들어, 우리 반의 몇몇 남아들은 매우 활동적이다. 그리고 나는 거친 몸싸움놀이에 대해 문제 삼지 않는다. 나는 그것을 해도 되는 장소가 있다고 생각한다. 그러나 아이들은 거친 몸싸움놀이와 실제로 다른 사람을 헤치는 것 간의 선을 잘 구분하지 못한다. 아동들은 그 선을 언제나 넘나든다.

내가 알게 된 또 하나는 아동들이 실제와 허구를 구별하는데 더 많은 어려움을 겪는 다는 것이다. "헐크"가 실제 진짜로 존재한다고 믿고 있는 아동들이 몇몇 있다. "내가 크면, 헐크가 될 거야"라고 그 아이들은 말한다. 그 아동들은 자신들이 헐크가 될 수 있다면 무엇이든지 할 것이다. "스파이더맨"에 대해서도 그렇다. "스파이더맨도 남자어른이야. 나도 남자어른이 될 거야. 그러니까 나는 스파이더맨이 될 수 있어"

요즘 아이들의 놀이에 대해 갖게 되는 또 다른 생각은 이들의 놀이가 예전처럼 정교하지 않다는 것이다. 예전보다 미성숙한 형태의 놀이를 더 많이 보게 된다. 아동들은 가장을 할 줄 모른다. 아이들은 텔레비전 캐릭터를 모방할 수 있을 뿐이며, 종종 놀이를 시작하기도 전에 누가 어떤 역할을 할 것인지에 대해 싸움을 하며 놀이를 끝내기도 한다.

이러한 모든 것들로 인해 아이들의 집에서 어떤 것들이 허용되는지에 대해 궁금증을 갖게 된다. 그래서 하루는 아이들에게 "저녁을 어디서 먹니?"라고 물었다. 10명 정도의 아동들이 자신의 방에서 텔레비전을 보며 혼자서 밥을 먹는다고 대답하였다. 몇몇 아이들은 혼자만의 공간 또는 다른 방에서 역시 혼자서 텔레비전을 보며 밥을 먹는다고 하였다. 텔레비전을 보지 않고 가족들과 함께 식탁에서 밥을 먹는다고 대답한 아동은 1-2명 정도였다. 나는 매우 놀랐다. 자신의 방에서 혼자 밥을 먹는다는 사실이 특히 놀라웠다. 부모들이 자녀를 사랑하지 않거나 돌보지 않기 때문이 아니라 단지 알지를 못할 뿐이다.

우리는 자녀의 놀이를 촉진하고 감상할 수 있도록 부모를 돕기 위해 언제나 노력하고 있다. 그러나 이제는 자녀들이 장난감으로 가득 찬 방에서 극놀이나 창의적인 놀이를 하는 것 보다 텔레비전이나 비디오를 보고, 비디오 게임을 하는 것을 더 좋아한다고 말하는 이유를 더 잘 이해할 수 있다. 부모들은 자녀들이 놀이하도록 하려고 노력할 때마다 자녀들이 쉽게 흥미를 잃어버리고 금방 싫증을 낸다고 말하곤 한다.

내가 교직을 시작한 이래로 많은 것들이 바뀌고 있다. 이러한 모든 변화가 아동들에게 무엇을 의미하는지에 대해 최근까지 거의 알지 못했다. 이러한 모든 것들이 아동들에게 어떤 영향을 주는지에 대해 보다 심각하게 고려해야하며, 이러한 해로운 영향을 줄이기 위해 우리가 무엇을 할 수 있는지에 대해 생각한다.

이러한 변화들이 유아와 전쟁놀이 딜레마에 어떠한 영향을 미치는 지에 대한 내용이 2장에서 다루어질 것이다. 아래의 표에 최근 부모와 교사들이 전쟁놀이에 대해 걱정하는 것들을 요약해 두었다.

오늘날 전쟁놀이에 대한 교사와 부모들의 걱정

- 예전보다 금지하기가 더 어렵다.
- 금지하려고 시도하면 아동은 종종 성인을 속이거나 성인의 명령을 무시하려고 시도한다.
- 전쟁놀이를 허용하면 아동들이 쉽게 통제를 벗어나거나 다치게 하기 때문에 허용하는 것도 과거보다 어렵다.
- 다른 형태의 놀이에서보다 남아, 여아 간 성분리가 더 많이 일어난다.
- 전쟁놀이가 일어날 때, 텔레비전과 영화의 인물, 줄거리와 장난감이 주요 내용이 된다.
- 뉴스의 폭력적인 내용이 놀이에 포함된다.
- 부모가 폭력적인 텔레비전 내용으로부터 자녀를 충분히 보호할 수 있는지에 대해 더 많은 의문이 생긴다.

제 2 장

전쟁놀이 딜레마를 일으키는 원인들

매일 폭력적인 것들로 아이들을 공격하고 있는 대중적인 아동문화를 자세히 들여다보면, 오늘날의 전쟁놀이에 대한 우리의 걱정을 이해하는 데 도움이 된다. 문화의 중심에는 매체(텔레비전 쇼, 비디오와 영화, 컴퓨터와 비디오 게임, 인터넷)가 있다.

현대 사회에서 성장하는 유아들은 매체를 보면서 엄청나게 많은 시간을 보내고 있다. 2-7세 유아들은 하루 평균 3시간 이상을 '영상물을 보면서[10]' 보낸다. 게다가, 아이들이 텔레비전에서 보는 대부분의 것들은 즐기기 위한 폭력이나 뉴스에서의 폭력과 같은 폭력에 초점이 맞추어진 것이다. 아이들이 화면을 보지 않더라도, 우리 삶의 여러 부분에 깊이 파고든 매체와 관련된 제품들(장난감, 시리얼, 도시락, 잠옷, 신발, 생일파티용품, 패스트푸드 체인들과 관련된 것들[11])을 쉽게 접할 수 있다.

10) Foehr, R. U., Roberts, D., & Brodie, M.(1999). *Kids and Media at New Millennium: A Comprehensive National Analysis of Children's Media Use*. CA: Menlo Park.

11) Diane과 그녀의 아들이 mass-market 장난감 가게를 조사해 보았더니 파워레인저 상표가 찍힌 제품들이 200개가 넘었고, 아주 잘 팔리고 있었다.

1. 아이들에게 폭력 판매하기

2000년 9월 미국연방무역위원회(Federal Trade Commission: FTC)는 오락 산업이 폭력적인 오락을 아이들에게 얼마나 일상적으로 판매하고 있는지를 보여주는 놀라운 보고서를 발표하였다. 예를 들어, 업계가 스스로 적절하다고 제시했던 연령보다 더 어린 유아들에게 영화를 선전하고 있는 것으로 밝혀졌다.

13세 이상 또는 성인 등급 영상물과 관련된 폭력적인 장난감이 4세 유아에게 판매되고 있다는 것은 널리 알려진 사실이다. 이들 중 몇 개만 언급하면 고질라, 툼 레이더, 스파이더맨, 스타워즈, 터미네이터, 헐크 등과 같은 것들을 들 수 있다. 유아들에게 판매되는 다른 수백 가지 제품들과 마찬가지로 영화와 관련되어 제작된 장난감들은 보통 다른 매체(텔레비전 쇼나 비디오게임)와도 연결되어진다. 아이들을 폭력의 문화로 이끄는 것은 이러한 폭력적인 매체와 이에 수반되는 상품 광고들이며, 이것은 우리가 직면하고 있는 전쟁놀이 딜레마의 핵심에 있는 것이다.

1) 폭력을 판매하다

앞서 설명한 것처럼, 유아에 대한 폭력 판매가 증가된 것은 1984년 FCC가 유아의 텔레비전에 대한 규제를 해제한 이후부터 이다. 규제가 해제되면서, 폭력적인 매체는 유아들에게 제품을 판매하는 강력한 도구가 되기 시작했다. 모든 것들은 일련의 놀잇감과 다른 많은 제품들과 연결되어 있어서 유아들의 대중문화를 공격하고 있다. 우주 정복자, GI Joe, 닌자거북이, 파워 레인저와 최근에는 프로 레슬링들을 들 수 있지만 이런 것들은 매우 인기 있는 프로그램 중 일부일 뿐이다. 대부분의 인기있는 텔레비전 쇼에서 폭력의 양이 꾸준히 증가하고 있다. 예를 들어, 최고 인기 있는 파워레인저 각 편에는 평균 100개의 폭력 장면이 나오는데, 이것은 이전에 가장 인기 있었던 닌자거북이에서 보다 폭력 장면이 두 배나 많은 것이다.[12] 일반적으로 초등학교를 졸업할 때까지 어린이들은 8,000명 이상의 살인자와 100,000회 이상의 폭력 장면을 텔레비전에서 보게 되는 것으로 추정된다.[13]

또한 규제가 해제된 후 유아들에게 물건을 판매하는데 정형화된 성역할(특히 남아)을 이용하는 것이 매우 많이 증가되었다. 폭력은 남자 어린이들을 끌기 위해 사용되는 반면, 성적매력 등은 여자 어린이들을 끌기 위해 사용되었다. 3장에서 논의하게 되는 것처럼, 남아와 여아 모두 매체가 제공하는 고도로 성정형화된 메시지를 매우 민감하게 학습하고 있다. 여아와 남아 간을 구분 짓는 내용들은 시간이 지남에 따라 점점 더 극단적으로 되고 있다. 가장 극단적이고 가장 시각적인 내용에 초점을 맞추는 경향에 따라 가장 극단적인 것이 가장 효과적인 마케팅이라는 것을 업계에서는 알게 되었다. 한층 더 자극적인 것들이 제시될 때 마다 점차 사람들이 무뎌져가는 것을 보면서 업계에서는 더 자극적인 것을 포함시켜도 된다는 것을 알게 되었다.

유아들에게 제품을 팔기 위한 도구로써 폭력을 사용하려는 경향은 앞에 언급했던 것처럼 텔레비전과 영화의 범위를 넘어서 빠르게 확대되고

12) Lisosky. M.(1995). *Battling standards worldwide-"mighty morphin power rangers" Fight for their lives*, Paper presented at the world summit for children and television, Melbourne, Australia, 12-16.

13) American Academy of pediatrics(1999). *Television and the Family*. Washington, DC,: American Academy of pediatrics.

있다. 오늘날 약 90% 정도의 유아가 비디오 게임기를 소유하고 있거나 빌려서 사용하고 있다.[14] 2001년 Children Now[15]는 비디오 게임의 내용을 조사하였는데, 연구자들이 분석했던 게임의 80% 가량이 폭력적인 내용을 담고 있는 것으로 나타났다. 점점 더 많은 아이들이 컴퓨터와 인터넷을 사용하고 있다. 미국 아동 중 2/3 이상이 가정에 컴퓨터가 있고,[16] 그 중 대부분은 폭력적인 내용을 제공하고 있는 인터넷에 접속이 가능하다.

텔레비전 프로그램, 영화, 비디오 게임에 대한 자체 등급 체계가 있기는 하지만, 1999년 갤럽 조사에 따르면, 미국인 중 86%는 아동에 대한 폭력의 양이 우려할만한 수준이라고 응답하였다.[17] 2004년 발표된 Kaiser Family[18] 보고서에서는 다음과 같이 결론을 내리고 있다.

> 오늘날 매체가 자녀에 미치는 영향에 대해 많은 부모들이 매우 걱정하고 있다는 것은 의심할 여지가 없다. 부모들은 자녀들이 텔레비전을 통해 지나치게 많은 성적인 내용과 폭력적이고 성인이 사용하는 언어에 노출되는 것에 대해 매우 걱정하고 있다.[19]

미국연방무역위원회(FTC)의 보고서에서 밝힌 것처럼 비윤리적인 판매를 통제하려면 아이들의 삶에 침투하고 있는 폭력적인 매체를 잘 관리할 수 있는 더 좋은 방법이 필요하다.

---

14) Song, E. H. & Anderson, J.(2006). How violent video games may violate children's health. *Comtemporary Pediatrics, 18*(5), 102-119.
15) Children Now: 미국의 아동권익보호 시청자 단체(역자 주)
16) Woodward, E. & Gridina, N.(2000). *Media in the Home 2000: The First Annual Survey of Parents and Children*. Philadelphia: University of Pennsylvania.
17) 갤럽조사. 1999년 6월 23일 발표. 아동이 폭력물에 노출되는 것을 제한하려는 노력한 대한 대중의 태도를 조사하였다.
18) Kaiser Family Foundation: 카이저 패밀리 제단 미국의 비영리 민간단체(역자 주)
19) Rideout, V.(2004). Parents, Media and Public Policy: A Kaiser Family Foundation Survey. p.15.

2) 누가 통제하고 있는가?

그러나 이러한 위협은 점차 증가하고 있다. 오늘날 주요 거대 방송 기업이 우리가 소비하는 대부분의 매체를 소유하고 있고, 우리가 보고 있는 대부분의 이미지와 그것과 연결된 제품들에 대해 거의 무제한적인 통제권을 가지고 있다. 이 거대 기업들은 자신들의 상품을 유아들에게 자유롭게 판매하며 유아들에게 가장 좋은 것이 무엇인가라는 것 보다는 이윤추구를 원칙으로 삼는다.

미국 헌법 수정 1조항[20]은 업계가 유아들에게 무제한적으로 판매할 자유를 주는 근거로 주로 사용되고 있다. 그러나 이 조항은 학대, 담배, 술, 성, 운전, 노동, 군 입대 등으로부터 유아들을 보호하려는 미국의 오랜 전통을 고려하지 않은 것이다. 일상생활에서 폭력적인 매체에 대해 어떤 방식으로든 돈을 지불할 수밖에 없는 부모와 자녀의 권리에 대해서는 어찌할 것인가?

최근 이러한 상황에 대한 대중적인 비판이 높아지고 있다. 예를 들어, 미국 심리학회(American Psychological Association: APA)에서는 8세 이하의 유아를 대상으로 하는 광고에 대한 연방 정부의 규제를 요구하는 성명서를 발표하였다.[21] 이 성명서는 8세 이하의 유아들은 광고가 의도하는 바를 이해할 수 있는 인지적인 능력이 없다는 것을 보여주는 연구 결과를 인용하면서 유아에 대한 광고를 착취적인 것이라고 규정하였다.

---

20) 미국 헌법 수정 1조항: 연방 의회는 국교를 정하거나 또는 자유로운 신앙 행위를 금지하는 법률을 제정할 수 없다. 또한 언론, 출판의 자유나 국민이 평화로이 집회할 수 있는 권리 및 불만 사항의 구제를 위하여 정부에게 청원할 수 있는 권리를 제한하는 법률을 제정할 수 없다.(역자 주)

21) American Psychological Association(2004). *Report of the APA Task Force on Advertising and Children*. Washington, DC: APA. 2004년 2월 20일

광고업계는 대중 비판의 영향력을 제거하기 위해 보다 공격적인 행보를 취하고 있다. 예를 들어, 2005년 1월 전국적인 로비 단체인 미국광고협회가 설립되었다. 이 단체의 목적은 '미국 헌법'에서 보장하고 있는 바와 같이 모든 유아에게 광고할 수 있는 업계의 권리와, 기업체가 자신을 지키려는 의지에 대한 권리를 보호하기 위한 것이다.

3) 유아의 놀이를 넘어서

많은 유아들이 몰두하고 있는 매체 폭력이 아이들에게 해롭다는 것에 대해서 점점 더 많은 사람들이 인식을 같이 하고 있다. 2000년에 여섯 개 주요 의학 그룹(미국 소아과 협회, 미국 의학 협회와 미국 심리학회를 포함한)들은 유아에 대한 오락물 폭력의 영향에 대한 선언문을 발표하였다.[22] 그들은 수백 개의 연구들을 검토한 후, 매체 폭력과 유아의 공격적인 행동 간에는 명백한 관련성이 있다고 결론을 내렸다. 또한 매체에서 폭력을 많이 접한 일부 유아는 실제 생활에서의 폭력에 점차 둔감해 진다고 하였다. 또한 어린 연령에 폭력 매체에 노출된 유아는 그렇지 않은 유아보다 이후 폭력과 공격적인 행동을 더 많이 하는 경향이 있다고 하였다.

최근의 폭력적인 매체 환경은 1장에서 다루었던 내용(부모와 전문가들이 보게 되는 전쟁놀이의 양과 전쟁놀이에 사로잡힌 유아들에 대한 걱정)들을 이해하는데 도움이 된다. 이러한 매체 환경은 유아가 이해하고 숙달하려고 시도하는 엄청난 양의 폭력적인 내용을 제공한다. 놀이는 유아들이 폭력에 대해 이해하고 숙달하려고 시도하는 것을 가능하게 하는 주요 도구이기

22) See Joint Statement on the Impact of Entertainment Violence on Children(American Academy of Pediatrics, Congressional Public Health Summit, Washington, DC, July 26, 2000)

때문에, 폭력적인 매체의 맹공격에 노출된 유아는 그렇지 않은 유아보다 폭력적인 놀이를 더 많이 할 것이라고 예상할 수 있다.

4) 장난감 이야기에서 장난감 악몽으로

폭력적인 매체와 관련된 놀잇감들 또한 오늘날 유아의 전쟁놀이의 특성에 대해 우리가 들었던 걱정들을 설명하는데 도움이 된다. 이러한 놀잇감은 놀이에 매우 큰 영향을 미친다. 어떤 종류의 놀잇감은 다른 놀잇감들보다 더 질 높은 놀이를 촉진하는 경향이 있다. 점토, 블록, 일반적인 놀잇감이나 아기 인형과 같은 다목적이고 비구조적인 놀잇감은 유아가 자신의 개인적인 욕구를 조절하고 형성해 나갈 수 있도록 도와준다. 텔레비전 프로그램이나 영화와 관련된 구체적인 놀잇감과 같은 매우 구조적이고 실제적인 놀잇감은 다목적이고 비구조적인 놀잇감과는 반대의 영향을 미친다. 구조화되고 실제적인 놀잇감들은 놀이의 통제권을 유아로부터 빼앗고 특정한 방식으로 특정한 주제에 대해 놀이하도록 유아들을 이끈다. 끝없이 다양한 방식으로 사용할 수 있는 개방적인 놀잇감과는 달리, 구조화되고 실제적인 놀잇감들은 유아로부터 통제권을 빼앗아가며 유아가 자기 자신의 욕구에 따라 놀이를 형성하거나 결정하는 것을 더 어렵게 한다.

화면에서 보았던 폭력과 관련된 매우 실제적인 놀잇감이 주어지면 유아들은 이것을 사용하여 자신들이 보았던 것을 수행해야만 한다는 메시지를 받는다. 더욱이, 이런 놀잇감들은 매우 구조화된 것들이기 때문에 폭이 좁고 반복적이며, 폭력과 가장된 싸움을 포함한 내용과 행동에 초점을 맞춘 놀이를 보게 될 때 놀랄 필요는 없다. 이러한 놀잇감들은 놀이를 통제하고 폭력적인 주제에 초점을 지속하도록 하는 힘이 있기 때문에, 폭력적인 매체가 어린 유아들에게 미치는 영향이 증가되도록 한다. 그러나 이러한 놀잇감들을 자녀의 놀이방에 두지 않으려고 노력하는 부모들은 힘든 싸움에 직면하게 된다. 폭력적인 놀잇감과 그 놀잇감에 연결된 이미지는 상업적인 아동기 문화 속에 너무나 강력하게 스며들어 있어서 부모들이 아무리 최선을 다해 노력해도 자녀들을 폭력적인 놀잇감들로부터 떼어놓을 수 없다.

2. 위험한 세상

유아들이 전쟁놀이를 하도록 하는 모든 오락적인 폭력뿐 아니라 뉴스(텔레비전과 라디오, 신문과 잡지 표지에서의 사진)를 통해 유아들이 만나게 되는 실제 세계에서의 폭력 또한 전례 없는 수준이다. 그 밖에도 유아들은 성인들의 대화나 또는 다른 유아들의 대화에서도 이러한 것들을 듣게 된다. 오락 매체에서의 폭력과 마찬가지로 유아들이 이러한 것에 노출되는 양을 줄일 수는 있지만 이것들로부터 유아들을 완전히 보호할 수는 없다.

뉴스 폭력은 유아들에게 폭력을 동반한 놀이를 자극하는 내용과 놀이를 통해 표현하게 되는 사건들을 더 많이 제공한다. 이것은 유아들에게 어떤 것이 실제이고 어떤 것이 가상인지에 대한 혼란을 가중시킬 수 있다. 또한 세상은 위험한 장소라는 것을 유아들이 배우도록 한다.

유아들의 삶에서 전쟁놀이의 내용에 영향을 미치는 또 다른 폭력 형태는 이 책의 주된 범위를 벗어나는 것이다. 이는 유아들이 자신의 삶에서 직접적으로 경험하는 폭력을 말하는 것이다. 따라서 이 책의 내용이 폭력을 직접적으로 경험한 유아에게 관련된 것이기는 하지만 전쟁놀이에 실제 세계의 폭력을 더하려 할 때는 더 많은 것들이 언급될 필요가 있다.

3. 유아들의 눈을 통해 본 폭력과 전쟁놀이

유아들이 생각하고 배우는 방식은 놀이에서 폭력을 어떻게 사용할 것인지에 영향을 미친다. 이것은 놀이 안과 밖에서 폭력에 대해 해로운 것을 더 잘 배울 수 있게 해주기도 한다.

1) 유아들은 어떻게 생각하는가

유아들의 사고에는 몇 가지 특징이 있는데, 이러한 특징은 유아들이 경험한 것을 해석하는 방식에 영향을 미친다. 이러한 특징들을 이해하면 유아들에게 폭력을 판매하는 것이 왜 그토록 위험하고 비윤리적인지를 더 잘 이해할 수 있게 된다.

유아들은 가상과 실제를 완전히 구분하지 못한다. 유아들은 허구의 프로그램을 통해 착한 사람과 나쁜 사람, 싸움과 무기에 대해 배웠던 것을 이용하여 자신들이 들었던 실제 세계에서의 폭력을 해석한다. 4세 유아에게 파워레인저는 실제 군인이 아니라 단지 배우일 뿐이라는 것을 말해준다 하더라도 그 아이는 파워레인저를 실제 군인이라고 생각하는 것을 그만둘 수 없다.

유아들은 어떤 상황의 기저에 놓인 추상적인 개념이 아니라 그 상황의 가장 극적이고 구체적인 측면에 초점을 맞춘다. 유아들은 기저에 놓인 문제가 아니라 싸움과 무기에 이끌리게 된다. 이것은 유아들이 가장 시각적이고 두드러진 동작인 폭력에 그토록 관심을 갖게 되는 이유 중 하나이다. 또한 이것은 폭력과 관련된 놀잇감이 왜 그다지도 잘 팔리는지를 설명해준다.

유아들은 논리적인 인과관계를 생각하지 못한다. 유아들은 싸움의 행동과 흥분에 초점을 맞추기 때문에 폭력으로부터 수반되는 고통과 괴로움에 대해서는 생각하지 못한다.

유아들은 한 번에 한 측면에만 초점을 맞춘다. 유아의 사고는 필름과 같다기보다 일련의 개별 슬라이드에 더 가깝다. 유아들은 전체적인 장면(싸움의 맥락 즉, 왜 싸움이 일어났는지, 또는 그 결과가 어떻게 될지)을 생각하지 못한다.

유아들은 이분법적 범주 방식으로 생각한다. 싸움에서 '이기'거나 '진'다. 착한 사람과 나쁜 사람이 있다. 파워레인저는 분명 '착하고', 파워 레인저와 싸우는 상대는 '나쁘다.' 더욱이, '착한' 편이 하는 것은 의심할 것도 없이 '옳고', '나쁜' 편이 하는 것은 '나쁘다'.

2) 유아들은 어떻게 배우는가

유아들은 자신이 본 폭력에 대한 생각과 그 폭력이 자신의 생활에 어떤 역할을 하는지에 대한 생각을 느리게 형성해 나간다. 유아들은 자신들이 보았던 폭력에 대해 수동적으로 정보를 흡수하지는 않는다. 유아들은 보았던 것을 자신에게 의미있는 것으로 변형시킨다. 유아들은 이전의 경험으로부터 폭력에 대해 이미 이해했던 것을 바탕으로 의미를 형성해나가게 된다.

유아들은 생각하고 학습하는 특성으로 인해 화면에서 보았던 폭력을 특히 민감하게 배우게 된다. 예를 들어, 유아들은 한 번에 한 측면에만 초점을 맞추고 논리적인 순서에 맞게 장면을 연결하지 않기 때문에, 폭력이 일어나는 맥락과 폭력을 행사한 사람이나 피해자에게 어떤 일이 일어나는지에 대해서는 종종 무시한다.

이와 비슷하게 미국이 이라크를 침공한 것에 대한 뉴스를 들을 때, 유아들은 파워 레인저나 스파이더맨 같은 프로그램을 통하여 싸움에 대해 이전에 배웠던 것에 연결시켜 새로운 뉴스를 이해하려고 노력한다. 그래서 유아들은 '나쁜' 이라크와 싸우기 위해 파워 레인저의 가라데 자세를 활용하기 시작할 것이다. 한 어머니는 4살 된 아들이 파워 레인저가 이라크 전쟁에서 싸우고 있는지를 실제로 물어왔다고 보고하였다.

4. 어른들이 직면하고 있는 문제

폭력적인 내용을 담은 매체가 유아의 삶에 강력한 힘을 발휘하게 되고 오락 산업이 유아에게 폭력을 판매하는 강력한 힘을 갖게 되면서, 전쟁놀이 딜레마를 해결하려는 우리의 노력이 그 어느 때보다 중요하게 되었다. 우리 노력의 중심은 폭력의 맹공격으로부터 최대한 유아를 보호하려는 것이다.

그러나 1장에서 부모와 교사의 목소리를 통해 우리가 들은 것은 그러한 노력들은 충분하지 않으며, 전쟁놀이 딜레마에 직면해야 하는 것은 거의 피할 수 없다는 것이다. 전쟁놀이 딜레마에 직면하였을 때, 유아의 사고와 학습 방법 뿐 아니라 우리가 대항해서 싸워야 할 문제의 특성에 대해 이해한다면, 유아에게 가장 유용한 방식으로 그 딜레마를 해결하는데 도움이 될 것이다.

The War Play Dilemma
Second Edition

2

전쟁놀이 딜레마 이해하기

전쟁놀이 논쟁의 두 가지 측면 제 3 장

전쟁놀이 딜레마는 전쟁놀이에 대한 두 관점(유아의 욕구에 주된 초점을 두는 발달적 관점과 놀이로부터 유아가 무엇을 배우는지에 주된 초점을 두는 사회정치적 관점)을 통합하는 방법으로 해결될 수 있는가? 하나의 관점을 취하는 것은 다른 관점에 반대하는 것인가? 유아를 위하는 것이 우리의 목적이라는 것을 염두에 두고 이러한 질문에 답하기 위하여 두 관점을 자세히 살펴보고, 오늘날 전쟁놀이와 관련하여 어떠한 것들이 일어나고 있는지 알아보자.

1. 발달적 관점: 전쟁놀이는 유아의 욕구를 충족시킨다

발달적 관점은 전쟁놀이를 포함한 모든 놀이는 유아가 발달적 문제를 다루는 주요한 수단이라는 가정을 바탕에 두고 있다. 정말 그런가? 어떻게? 왜 그런가? 언제나 그런가?

1) 놀이와 발달

발달적 관점을 지지하는 대부분의 사람들은 유아의 개인적 욕구와 유아가 자신의 욕구를 충족하도록 도와주는 놀이의 역할에 주로 관심을 갖는다. 이러한 관점을 가진 사람들은 놀이는 학습과 발달의 뿌리라고 주장한다. 놀이는 연령과 단계에 맞는 주요 발달적 업적을 달성하도록 하며, 개념과 감정에 대해 이해하도록 돕는다. 유아는 자신의 경험을 놀이에 가지고 오며, 그것에 독특한 의미를 부여한다. 이렇게 하면서, 유아는 새로운 생각과 경험을 놀이에 통합시키고, 더 많이 익숙해지고 이해하게 되면서 놀이의 내용은 점차 확장되고 변화되어 간다. 이렇게 놀이 과정은 유아의 계속적인 발달과 학습을 지원한다.

발달적 관점에 따르면, 놀이가 최적의 기능을 하기 위해서는 놀이의 시작과 주제가 유아 자신으로부터 나와야 한다. 유아는 자신의 놀이를 책임지고 이끌어 갈 필요가 있으며, 유아의 선택은 발달수준, 경험, 욕구와 흥미를 반영한다. 그래서 유아는 자신들이 무엇을, 언제, 어떻게 하는지에 대한 가장 좋은 안내자가 된다. 따라서 우리들은 유아가 전쟁놀이를 하지 않기를 원하지만, 유아 스스로가 전쟁놀이에 참여하기로 선택할 때는 자신이 해야 할 필요가 있는 것을 우리에게 보여주는 것이다. 이 경우 놀이는 유아 자신의 발달적 문제와 욕구를 충족시키는데 도움이 된다.

2) 전쟁놀이를 통한 발달적 욕구 충족

전쟁놀이가 유아의 발달적 과업과 욕구를 충족시키도록 어떻게 도울 수 있는가? 어린 유아의 주요한 발달적 과제 중 하나는 자신의 충동을 통제할 수 있어야 한다는 것이다. 전쟁놀이에서 유아는 강력한 힘을 가진 환상적인 인물인 척 하면서 가상의 상황에서 공격성을 표현하고 "싸움놀이"에 참여한다. 이 과정에서, 다른 사람에게 수용되는 범위 내에서만 싸움을 하고, 주위 사람이나 환경으로부터 자신의 행동에 대한 피드백을 받음으로써 유아는 충동을 억제할 수 있게 된다.

또한 유아는 환상과 실제를 구별해 나간다. 실제 삶과 전쟁놀이의 가장된 인물 및 내용 간에는 극적인 차이가 있기 때문에, 전쟁놀이는 이러한 차이에 대해 이해할 수 있도록 하는 특별한 기회를 제공한다. 극놀이에서 유아가 환상적, 상상적 인물을 가장할 때보다 익숙한 역할을 수행할 때에 실제 경험과 더 많이 관련된다. 또한 유아들이 환상의 인물을 다양한 상황에서 실험해보고 상상으로부터 실제를 구분하는 한계선을 찾을 수도 있다. '착한 사람' 역할을 하는 유아가 다른 친구를 밀면서 자신이 '강력한 힘'을 가지고 있기 때문에 그랬다고 주장할 경우에는, 다른 친구들이나 가까이 있는 성인이 나타내는 반응을 통해 유아는 실제와 가상이 같은 것이 아님을 배울 수 있게 된다.

어린 유아는 점차 자아 중심성을 벗어나 다른 사람의 관점을 학습해 나간다. 다른 유아와 서로 도와가며 반대되는 역할을 수행하면서(예: "착한 사람"과 "나쁜 사람"), 자신의 행동이 다른 사람에게 어떤 영향을 미치는지를 보게 되기 때문에, 전쟁놀이를 통하여 다른 사람의 관점과 사람들 간의 상호작용에 적용되는 규칙을 배울 수 있다.[23)]

유아는 독립적이고 자율적인 사람으로서의 능력을 발달시킨다. 이것은 어린 유아들에게는 매우 흥분되면서도 동시에 매우 위협적인 경험이다. 또한 유아기는 가정과 주요 양육자로부터의 분리를 처음으로 경험하는

23) Piaget, J. & Inhelder, B.(1972). *The Psychology of the Child*. New York: Basic Books. 참고

시기이다. 전쟁놀이를 통하여 경험한(예를 들어, 강력한 힘을 가진 영웅역할을 할 때) 힘과 능력으로 인해 유아는 스스로를 돌볼 수 있는 강하고 독립된 인간이라는 느낌을 갖게 된다.

결론적으로, 2장에서 살펴본 바와 같이 유아는 자기 주변의 세계로부터 들은 것들을 이해하기 위해 애쓰고 있다. 현대의 유아는 많은 양의 폭력에 노출되어 있다. 전쟁놀이는 유아가 들은 것을 통합하고 의미를 찾는 주요한 방법이 된다. 예를 들어, 유아가 뉴스에서 총을 가진 군인을 보게 되면 이를 이해하기 위해서, 또 두려움을 없애기 위해서 그에 관한 놀이를 할 수도 있다. 파워레인저나 배트맨을 보고도 이와 비슷한 행동을 할 수 있다.

3) 단지 놀이일 뿐이다

발달적 관점을 지지하는 사람들과 이야기를 해보면 전쟁놀이가 대부분의 유아에게는 '단지 그런 척하는' 것이며 아이의 마음에서 '실제 세계'의 폭력과 연결되지는 않는다는 말을 자주 듣게 된다. 성인은 실제 사회에서의 폭력과 놀이가 관련이 있다고 볼 수도 있지만, 발달적 관점을 지지하는 사람들은 전쟁놀이에서 사용되는 내용과 개념은 유아에게는 성인들과는 다른 의미를 갖는다고 말한다. 2장에서 살펴본 바와 같이, 유아는 전쟁놀이를 이해하는 유아들만의 독특한 방식을 가지고 있다.

4) 전쟁놀이는 왜 매력적인가?

이제까지 논의된 것을 바탕으로 보면, 발달적 관점은 어린 유아들이 자신의 발달 수준에서 발달적 문제를 다루도록 도와주는 전쟁놀이의 다양한 방법들을 제시한다는 것을 알 수 있다. 그러나 이것은 많은 유아들이 전쟁놀이를 아주 좋아하는 것에 대해 충분히 설명하지는 못한다. 아이들이 전쟁놀이를 그토록 좋아하는 이유는 무엇인가?

첫째, 전쟁놀이는 유아가 하지 않을 수 없으며 아주 큰 만족을 주는 형태의 놀이일 수 있다. 왜냐하면 다른 형태의 놀이보다 전쟁놀이에서는 힘과 통제를 경험할 수 있기 때문이다. 생활에서 경험들로 인해 무기력감과 통제 불능을 느끼는(예를 들어, 분리되고 자율적인 기능을 하는 개인이 되는 발달 과업 완수) 연령의 유아는 이러한 감정을 넘어서고 극복할 수 있게 도와주는 방법을 찾게 된다.

둘째, 유아기 사고의 특징 때문에 전쟁놀이의 내용은 특히 매력적일 수 있다. 사회는 유아가 놀이에서 사용할 수 있는 내용을 많이 제공하고 있다. 사회가 계속적으로 제공하는 전쟁놀이의 내용은 유아가 세상을 보고 해석하는 방식과 정확하게 일치한다. 유아는 사물의 뚜렷한 지각적 특성에 주의를 기울인다. 전쟁과 영웅의 모습은 유아의 놀이에서 사용하는 시각적 이미지(근육, 레이저총, 폭발 등)를 제공한다. 유아는 이분법적(선하거나 악함, 옳거나 그름, 남자나 여자)으로 사고하는 경향이 있기 때문에, 착하면서 동시에 나쁜 사람은 존재할 수 없다고 생각한다. 오락 매체에서 본 전쟁, 싸움, 영웅 이미지는 이러한 '흑과 백'의 특징에 부합한다.

셋째, 예전의 유아들에게는 강력한 힘을 상징하는 기본적 형태의 "cap gun"[24)]이 매력적이었지만 최근의 전쟁 장난감이나 폭력 장난감은 더 매력적이다. 이러한 장난감들은 어린 유아의 사고와 흥미의 다양한 측면에 잘 부합되도록 만들어서 어린 유아에게 더욱 매력적으로 보이도록 만들

24) cap gun: 장난감 총기류(역자 주)

어져 있다.

예를 들어, 예측할 수 있는 순서에 따라 한 형태에서 다른 형태로 변신할 수 있는 기계식 장난감(예: 악당 로봇에서 레이저 폭탄비행기로 바뀌고 거꾸로도 되는)은 인과성, 부분과 전체, 하나의 물체가 동시에 두 가지 다른 것으로 어떻게 될 수 있는지에 대해 알고자 하는 유아의 흥미에 부합한다. 이와 비슷하게 유아의 사고가 정적인 것에서 동적인 것으로 바뀌기 시작할 때(영화의 단절된 장면과 같은 것에서 하나의 전체적인 영화로 옮겨가는 것 같은), 유아들은 다른 형태로 변신할 수 있는 장난감들을 보며 매우 매력적인 인지적 도전을 받게 된다. 또한, 힘과 강함을 제공해주는 장난감, 유아가 텔레비전에서 본 극적인 장면을 수행하는 인물과 비슷한 장난감들은 구체적이고 뚜렷한 인상을 유아에게 제공해 줄 뿐 아니라 강해지고 싶은 유아의 욕구에 잘 맞는다.

마지막으로, 전쟁놀이는 특히 남아의 경험과 발달적 문제에 잘 맞는 것

으로 보인다. 부모와 교사들은 소수의 여아들이 전쟁놀이에 관심을 갖는 것을 보기도 하지만, 대부분의 남아들이 전쟁놀이에 관심을 갖는 것을 쉽게 볼 수 있다.

5) 남아들이 왜 여아들보다 전쟁놀이를 더 많이 하는가?

전쟁놀이에서의 성차를 설명하는 데는 몇 가지 쟁점들이 있다. 어렸을 때 경험한 성정형화된 경험이 영향을 미친다고 이야기하기도 한다. 이 주장에 따르면, 남아들은 부모나 장난감, 주변에서 본 역할 모델들 때문에 여아들보다 덜 양육적이고, 보다 독립적이며 공격적인 방식으로 놀이하도록 장려된다고 한다. 이 관점에 따르면, 오늘날 고도로 성분리된 환경은 생물학적이고 유전적인 요인에 따른 남아와 여아의 놀이 차이를 증폭시킨다고 한다.

성차에 대한 또 다른 관점은 남자란 무엇이고 여자란 무엇인지에 대해 유아가 적극적으로 파악하려고 노력하는 것으로부터 시작된다고 주장한다. 이 관점에 따르면 유아는 18개월경에 "나는 남자" 또는 "나는 여자"라고 하는 자신의 성 명명을 학습한다. 그리고 가족, 유아원, 매체를 포함한 자신을 둘러싼 세계를 살펴보고, 남자는 무엇을 하는지, 여자는 무엇을 하는지에 대한 정보를 얻기 시작한다. 이 과정에서 유아는 가장 두드러지고 시각적인 차이에 주목하는 경향이 있다. 만약 유아가 성정형화된 것을 많이 보게 되면 이를 학습하게 되는 것이다.

위에서 설명한 두 가지 관점을 조합해보면 남아들이 전쟁놀이에 대해 더 많이 관심을 갖는데 성정형화된 환경이 어떤 영향을 하는지 설명할 수 있다. 만약 유아가 주변 환경에서 정형화된 성역할을 관찰하고 경험하게 되면, 이 경험을 사용하여 자신이 학습한 자신의 성 명명에 어울리는 성역할에 대해 이해하게 될 것이다. 2장에서 설명한 것처럼, 매우 거칠고, 주로 남자로 등장하는 영웅과 주로 성적으로 묘사되는 '예쁜' 여성 이미지들을 매체에서 보게 되면 남자와 여자의 역할을 분명하고 단순하게 구분짓게 된다. 매체에서 볼 수 있는 이미지들은 환경에서 볼 수 있는 남자 성역할을 규정짓는 매우 시각적인 정보를 제공한다.

많은 성인들은 이러한 인물이 가지고 있는 '마초'적 특성이 의미하는 것에 대해 의문을 갖고, 자신들이 남아에게 잘못된 성역할 모델을 제공하고 있다고 느낀다. 이러한 인물 특성은 남아의 건강한 성 발달에 적절하지 않다. 이런 모델이 실제로 존재한다면, 남자의 명확한 역할 모델을 찾고자 하는 남아들의 진정한 욕구에 잘 맞기 때문에 큰 매력을 갖게 된다. 대중적인 매체가 계속해서 극단적으로 성 분리된 내용을 남아와 여아에게 제공하는 한, 그리고 이것이 회사 측에 큰 이익이 되는 한, 유아들을 이러한 영향으로부터 완전히 보호할 수는 없을 것이다.

세 번째로, 몇몇 이론가들은 남아와 여아가 성정체성을 획득하는 발달적 과정이 다르기 때문에 남아들이 여아들보다 전쟁놀이에 더 많은 관심을 갖는다고 주장한다. 모든 유아들은 가정으로부터의 분리 경험을 극복해야 하지만, 남아들은 여아들과 다르게 주로 엄마나 여성인 주요 양육자로부터 분리되어야 하고, 자신이 동일시할 남자 성역할모델을 찾아야 한다. 이 때문에 남아들은 자신의 주된 양육자와의 동일시를 통해 성정체성을 확립한 여아들보다 잠재적으로 더 큰 스트레스 상황에 놓이게 된다. 남아들은 자신을 양육해준 엄마를 대신할 대안적인 모델을 찾아야만 한다. 남아들은 어머니와 분리되어야 하고, 어머니 없이도 강하며 안전하다고 느낄 수 있는 방법을 찾으려고 할 때 좌절과 분노를 느끼게 될 수도 있다. 영웅 놀잇감과 전쟁 놀잇감들은 남아들이 분노와 좌절을 표현할 기회뿐 아니라 남아들이 찾고 있는 구체적이고 강력한 모델을 제공해 준다.

6) 창의적 놀이 대 모방

이제까지는 전쟁놀이가 유아의 발달에 긍정적인 역할을 할 수 있다는 강력한 논증을 제공하는 발달적 관점에 대해 살펴보았다. 유아들은 자신에게 맞는 발달적 과업을 이루기 위해 주변 환경에서 보았던 폭력적인 내용을 포함한 전쟁놀이의 내용을 사용한다. 그러나 전쟁놀이가 이러한 기능을 수행하기 위해서는 유아 자신이 주도권을 가지고, 내용을 결정하는 적극적인 과정이 필요하다.

또한, 최근 우리는 발달적 관점을 지닌 몇몇 사람들로부터 발달적 관점이 주장하는 바에 대해 반신반의하는 소리를 듣게 되었다. 1장에서 살펴본 것처럼, 부모와 교사들은 유아의 전쟁놀이의 특성과 질이 유아 자신의 욕구를 어느 정도 충족할 수 있는지에 대해 알고 싶어 한다. 만약 전쟁놀이가 유아의 욕구를 충족시켜 준다면, 부모와 교사들은 전쟁놀이에서 일어나는 것들(폭력적인 행동이나 특정한 캐릭터에 대한 집착, 반복적이고 모방적인 놀이의 특성, 다양성의 부족)로 인해 전쟁놀이의 잠재적 가치가 감소되는 것은 아닌지에 대해 알고 싶어 한다.

Piaget는 놀이의 가치에 대해 중요한 이론적 틀을 제공하였다.[25] 그는 이 문제를 명확히 하는데 도움이 되는 놀이와 모방에 대한 중요한 구분

25) J. Piaget(1951). Play, Dreams, and Imitation in Childhood. New York: Norton(Original French edition published 1945)

을 하였다. Piaget에 따르면, 유아가 창의적인 놀이를 할 때, 유아는 작가, 배우, 주요 인물 등과 같이 놀이에 대해 주도권을 갖고 있다. 놀이에서 유아는 자신의 경험에서 정보를 가져오고, 자신의 현재 기술과 이해 정도에 따라 자신의 방식으로 정보를 사용한다. 이와 반대로, 모방을 할 때는 외적 경험에 의해 더 많이 통제되며, 이를 따라하려 노력한다. 모방을 할 때 유아는 자신의 행동과 사고를 외적인 요구에 맞춘다. 놀이와 모방 모두 발달과 학습에서 중요한 측면이다. 그러나 모방은 유아가 새로 관찰한 행동에 대해서 주로 일어나는 반면, 놀이는 유아가 경험을 숙달하고 그러한 경험에 대해 통제권을 갖는 의미형성 과정의 핵심적인 부분이라고 Piaget는 주장하였다.

놀이와 모방이라는 관점에서 전쟁놀이를 살펴보는 것은 모든 전쟁놀이가 다 같은 것은 아니며, 어떤 전쟁놀이는 다른 전쟁놀이보다 유아의 욕구를 잠재적으로 더 잘 충족시켜줄 수 있다는 것을 이해하는데 도움이 된다. 유아의 욕구를 어느 정도 충족시켜주는 지는 활동들이 주로 놀이인지 또는 주로 모방인지의 정도에 따라 영향을 받는다.

앞 장에서 다루었던 전쟁놀이에 대한 설명은(전쟁놀이를 할 때 텔레비전에서 보았던 이미지와 행동을 모방하기 위해 변화, 정교화, 또는 내적인 의미를 거의 만들지 않고 텔레비전과 관련된 놀잇감을 사용하는 것) 창의적인 놀이라기보다는 모방에 더 가까운 것 같이 보인다. 닌자 거북이나 파워레인저에 대한 선생님들의 의견을 조사한 연구를 통하여 이러한 형태의 전쟁놀이들은 놀이보다는 모방에 더 가깝다는 것을 확신하게 되었다.

놀이에서 폭력을 모방하는 것이 놀이 전반에 걸쳐 두드러지게 나타날 때는 아마도 유아의 욕구가 충족되지 못할 것이다. 이는 분리, 권력감이나 통제감, 폭력적인 내용을 숙달했다는 느낌과 같은 중요한 발달적 문제들에 영향을 미칠 수 있다.

7) 현대 사회에서 발달적 관점을 재조명하기

발달적 관점의 옹호자들이 전쟁놀이에 대해 걱정하는 것은 명확한 근거가 있다. 전쟁놀이는 유아가 자신의 욕구를 충족시키는 수단이 되기도 하지만, 전쟁놀이를 한다는 것만으로 유아의 욕구를 충족시킨다는 것을 보장하지는 않는다. 욕구를 어느 정도 충족시키는가는 놀이의 질과 내용에 달려있다. 오늘날 전쟁놀이에서 많이 볼 수 있는 것처럼 모방이 주가 된다면 전쟁놀이에 의한 최적의 발달은 이루어지지 않을 것이다.

2. 사회정치적 관점: 전쟁놀이는 해로운 것을 가르친다

사회정치적 관점을 지지하는 사람들은 유아들이 총싸움이나 죽이는 놀이를 유아들이 강렬하고 쾌감을 느끼며 가장하는 것에 대해 걱정한다. 이러한 유아들을 걱정하는 사람들은 유아들에게 가르치려고 하는 평화롭고 비폭력적인 가치에 대해서는 어떻게 할 것인지 걱정한다. 유아들이 전쟁놀이로부터 배우는 정치적이고 도덕적인 내용에 대해 걱정하며, 이 놀이를 어떻게 이끌어야 하는지 의문을 갖는다.

사회정치적 관점은 유아가 전쟁놀이를 통하여 폭력과 갈등에 대해(정치적이고 사회적인 세계에 대해) 군국주의적인 내용을 배운다고 가정한다. 예를 들어, 전쟁놀이를 통하여 폭력이나 남을 해치는 것은 신나고 재미있는 것이며, 분쟁을 해결하는 방법이라는 것을 배울 수 있다는 것이다. 이러한 견해를 가진 사람들은 유아가 자신이 놀이하는 것을 통하여 배우기 때문에, 전쟁놀이를 통하여 부정적인 내용을 배우게 된다고 걱정한다. 그래서 전쟁놀이를 금지해야만 이러한 해로운 것들을 배우지 않도록 유아들을 보호할 수 있다고 생각한다.

이 주장은 타당한가? 이러한 질문에 대답하기 위하여 전쟁놀이 내부와 외부에서 유아의 정치적이고 사회적인 사고가 어떻게 발달하는지 살펴보는 것은 도움이 될 것이다.

1) 초기 정치적, 도덕적 학습

대다수의 이론가들은 정치적 사회화가 매우 어린 시기부터 시작된다고 생각한다. Easton과 Hess는 다음과 같이 말하였다.

> 유아의 정치적 세계는 초등학교에 들어가기 전부터 형성되기 시작되며, 이 시기 동안 매우 빠르게 변화해 나간다는 증거가 많다. …… 정치 체계의 성숙한 구성원이 되는 형성기는 3세에서 13세 사이가 될 것이다.[26)]

유아의 초기 정치적 학습 내용에는 주변의 환경이 결정적인 역할을 한다. 부모들은 이 과정의 중심에 있다. 예를 들어, 연구 결과 나이든 유아의 정치적 태도는 다른 환경보다 부모들의 태도에 더 많이 영향을 받는 경향이 있다고 한다. 정치적 태도는 13세경까지 빠르게 변화하며 그 이후로는 그다지 영향을 받지 않기 때문에, 어렸을 때 학교에서의 교육을 포함하여 정치 교육에 특별한 관심을 기울여야 한다고 연구 결과들은 밝히

26) Easton, D. & Hess, R. D. (1962). The child's political world. *Midwest Journal of Political Science,* 6, 237-238.

고 있다.[27)]

2) 단순히 작은 어른인 것은 아니다

유아의 초기 정치적이고 도덕적인 사고는 성인의 것과는 매우 다르다. 유아들은 국가가 무엇인지, 정부가 무엇인지 또는 사람들과 국가가 왜 싸우는지에 대해 매우 다른 생각을 갖고 있다. 이러한 생각들은 선과 악, 옳고 그름, 부와 권력의 불균형을 보고 경험하면서 일상의 삶을 통해 점차 형성되어 진다. 어떤 유아가 자신이 살고 있는 나라의 이름이 '미국'이라는 것을 알게 되고, 미국이 이라크에 폭력을 가했다거나 지진이나 쓰나미로 피해를 받은 아시아 사람들에게 음식을 제공했다는 뉴스를 들었다고 하자. 그러면 그 유아는 "'우리'가 싸우고 싶어 하는 사람과 '우리'가 도와주고 싶어 하는 사람이 있다고 결론을 내릴 것이다. 또한 이것을 자신의 친구(좋은 사람)와 적(나쁜 사람)과 연결시킬 수도 있을 것이다.

이러한 초기 개념들은 정부, 민주주의, 선거나 법 제정 과정, 전쟁과 평화, 나라 간의 관계와 같은 형식적인 개념에 대한 이해를 갖기 이전부터 형성되기 시작한다. 초기 경험들은 이러한 개념이 형성되기 시작하는데 영향을 미친다. 예를 들어, 전쟁과 평화에 대해 배우는 것들은 유아가 갈등을 해결하는 주변 환경에서 다른 사람들을 어떻게 생각하는가에 따라 영향을 받는다. 자신 주변이나 또는 전 세계적 수준에서 친구와 적에 대한 개념은 또래와의 긍정적이고 부정적인 사회적 경험이나 사람들 간의 유사점과 차이점을 경험하면서 시작될 것이다. 동시에, 뉴스에서 들은 실

27) Torney-Purta, J.(1990). Political socialization and policy: The United State in a cross-national context. In H. W. Stevenson & A. E. Siegel(Eds). *Child Development Research and Social Policy, 1*, (pp. 471-523). Chicago: University of Chicago Press.

제 세계에서의 갈등은 유아의 사고에 영향을 미칠 것이다.

유아의 초기 정치적 관점이 성인들과는 매우 다르다는 사실 때문에 많은 연구자들은 유아의 정치적 발달의 기초를 인식하지 못했다. 예를 들어, 유아의 정치적 발달에 관한 저명한 학자인 Robert Coles는 면담에서 유아들이 세계를 보는 관점에 대해 이야기 한 내용에 사회와 서로 다른 사람들 간의 관계에 대한 정치적 이해가 매우 많이 나타나있다는 것을 깨닫는 데 많은 시간이 걸렸다고 하였다.28)

동시에 전쟁놀이에 정치적인 개념들이 나타나지 않을 때에도, 유아들의 전쟁놀이를 관찰하고, 놀이에 군국주의적인 특성을 가진 광범위한 정치적 개념이 있다고 생각하는 사람들이 많다. 어떤 경우라도 유아의 정치적 개념과, 정치적 개념들이 전쟁놀이에 어떻게 나타나는지를 더 잘 이해하는 것은 유아와 함께 하는 성인들에게 도움이 될 것이다.

3) 모든 놀이에는 정치적 내용이 있다

유아는 놀이를 통하여 자신의 경험에 의미를 부여하고 새로운 생각을 형성하기 때문에, 놀이 속에서 초기의 정치적 개념이 형성될 것이라는 것은 당연하다. 소꿉놀이와 인형놀이에서 조차도, 정치적인 것(예: 두 아이가 "아빠" 역할을 서로 하려고 하고 적절한 해결점에 도달하고자 할 때 갈등과 갈등 해결)을 배울 수 있다.

그러나 유아 놀이의 내용과 외부 세계가 일대일로 대응되는 것이 아니라는 것을 기억해야 한다. 또한, 놀이 내용이 유아에게 의미하는 것은 성인이 생각하는 의미와 같지 않을 수도 있다. 예를 들어, 전쟁놀이에서 '죽

28) Coles, R.(1986). *The political life of children*. Boston: Atlantic Monthly Press.

이는 것' 또는 '착한 편', '나쁜 편'이 되는 것이 어떤 유아에게 무엇을 의미하는지, 그리고 이러한 개념들이 어떻게 사용되는지는 그 유아에게 특수한 것이며 계속 변화하는 것이다. 유아가 전쟁놀이에서 사용하는 언어도 마찬가지다. '레이저', '핵폭탄', '러시아인', '세계'라는 단어는 유아에게 성인과는 다른 의미를 갖는다.

모든 초기 개념 발달과 마찬가지로, 놀이를 통한 개념 형성은 지속적이며 상호작용적인 과정이다. 유아는 세계를 통해 정보를 얻고, 그것으로 놀이를 하며, 새로운 의미를 형성하고, 형성된 새로운 의미를 가지고 새로운 경험을 해석하는데 사용한다. 유아가 놀이에서 형성한 정치적 개념을 실제 세계에 대한 지식에 점차적으로 연결하는 것도 이와 같은 과정을 거친다. 이것은 어린 유아들의 마음에서 환상과 실제가 융화되는 방식이다. "환상"적인 전쟁놀이에서 정치적 개념이 구성되는 방식은 실제 세계에서의 경험을 해석하는데 영향을 미친다.

4) 전쟁놀이에서 가상이 실제를 어떻게 충족시키는가?

GI Joe가 적을 쏘는 장면을 텔레비전 만화에서 본 유아는 이것을 놀이로 통합하여, 막대기로 '나쁜 녀석'을 쏘는 척 할 것이다. 이 놀이를 통하여 총 쏘는 것과 무기, '나쁜 녀석'과 '착한 녀석', 갈등과 폭력에 대해서 이해해 나가게 될 것이다. 놀이에서 총을 쏘는 행동의 의미 중 일부는 텔레비전에서 GI Joe를 보기 전의 경험에서부터 비롯되었을 것이고, 일부는 텔레비전 만화에서 GI Joe를 본 것에서 비롯되었을 것이다. 이 유아가 텔레비전에서 미국이 이라크에서 총을 쏘는 것을 본다면, 총, 적, 갈등 등에 대하여 놀이에서 구성하였던 것과 같이 자신이 이미 알고 있는 것에 기초하여 이러한 뉴스를 해석할 것이다. 유아의 정치적 개념은 전쟁놀이에서의 새로운 경험과 이전 경험과의 지속적이고 상호적인 과정을 통하여 점차 발달해간다.

전쟁놀이는 유아의 정치적, 도덕적 개념 발달에 영향을 미치기에 특히 적합하다. 전쟁놀이의 특성과 내용에는 정치적 세계의 기본 요소인 권력과 갈등, 옳고 그름, 선과 악, 안전과 위험, 친구와 적이 포함되어 있다. 예를 들어, 전쟁놀이에서 권력 관계를 놀이할 때, 권력에 대해 배우는 것은 이후 성인이 되어 사람 간, 집단 간, 국가 간의 권력 관계를 이해하는 기초가 된다. 유아는 블록 영역에서 우주인이 자신의 건물을 공격하는 놀이를 하면서 친구와 적에 대해 배운다. "배트맨"이 다른 친구들을 모퉁이로 쫓아내며 겁을 주는 놀이를 하면서 권력과 복종에 대해 배운다. 영웅 쫓기게임을 하는데 일련의 모든 규칙을 따르기로 동의한 유아들 사이에서 이러한 규칙에 따른 행동들은 잘 이해될 수 있다.

5) 유아들은 자신이 본 것을 놀이한다

또래와 상호작용하면서, 대중 매체를 시청하면서, 그리고 놀잇감을 가지고 놀면서 유아들은 집, 학교, 지역사회에서 전쟁놀이의 내용을 발견한다.

유아가 자신의 주변 세계에서 보았던 폭력을 놀이에서 표현한다는 사례(오래된 것이든 새로 본 것이든)는 매우 많다. 예를 들어, Anna Freud는 2차 세계대전에서 독일이 영국을 폭격하는 장면이 유아들의 전쟁놀이 속에 등장하였다고 보고하였다.[29] 북아일랜드에서의 갈등으로 인해, 종교가 가톨릭인 유아들은 전쟁놀이를 할 때 영국 군인을 적으로 나타내었다.[30]

29) Freud, A., & Burlingham. (1943). *War and children*. NY: Ernst Willard.

West Bank[31]에 사는 팔레스타인 유아는 집에 쳐들어오는 '나쁜' 이스라엘 군인을 재현하는 놀이를 한다고 교사들은 설명한다. 2001년 9월 11일 이후, Osama bin Laden이 유아 놀이에서 적으로 등장하였고, 이라크 전쟁 중에는 Saddam Hussein이 적으로 등장하였다고 많은 부모들과 교사들이 보고하고 있다.

유아들이 오락물에서 본 폭력을 놀이의 내용으로 가지고 온다는 사례 또한 많다. 파워레인저, 스파이더맨, GI Joe, 세계 레슬링 엔터테인먼트[32](World Wrestling Entertainment: WWE)에서 본 프로레슬러를 흉내 내는 것 등이 주로 보고 되고 있다. 스타워즈나 유희왕과 같은 텔레비전 프로그램이나 영화와 같은 줄거리가 있는 전투 게임들도 마찬가지다.

6) 폭력에 젖은 사회, 폭력에 젖은 놀이

주변 환경은 유아가 발달시키는 태도, 가치, 행동을 형성한다. 앞에서 보았던 것처럼, 폭력, 갈등, 인간관계에 대해 사회가 보여주는 것은 무엇이든 유아가 놀이하고 배우는 것에 영향을 미칠 것이다.

오늘날 사회가 유아에게 제공하는 내용은 전쟁놀이에 대해 주로 이야기되는 걱정거리의 원인을 제공하고 있다. 유아를 보호하기 위해 최대한 노력함에도 불구하고, 2장에서 보았던 것처럼, 유아들은 생활 속에서 매우 많은 실제 폭력(뉴스에서 듣고 보는 폭력)과 영상에서 보는 허구 또는 오

30) Smyth, M. (1998). *Half and battle: Understanding the impact of the troubles on children and young people*. Ireland: Incore.

31) West Bank: 요르단 강 서안 지역. 이스라엘과 팔레스타인 분쟁의 핵심 지역 중 하나(역자 주)

32) 월드 레슬링 엔터테인먼트(World Wrestling Entertainment: WWE): 프로레슬링 산업 내에서 가장 규모가 큰 단체로서 미디어와 스포츠, 그리고 엔터테인먼트를 한 데 어울리는 종합 스포츠 엔터테인먼트 회사(역자 주)

락적인 폭력에 노출되고 있다. 그래서 유아들에게는 놀이에서 사용하고, 수행하며 배우게 될 많은 폭력적인 내용이 있다.

유아들이 화면에서 보는 것에는 정치적인 내용도 많이 있다. 예를 들어, 대부분의 만화에는 나쁜 사람(적)과 싸우는 착한 사람이 등장한다. 나쁜 사람은 흔히 이상한, 외국 억양을 사용하고, 이상한 목소리를 내며, 얼굴이 없거나 짐승 같아 보이기도 한다. 착한 사람은 매력적인 외모를 지녔고, 사회의 주류 문화를 보인다. 인간은 자신들을 보호할 기계나 무기가 없으면 약하고 힘없는 존재로 묘사된다. 유아들은 착한 사람과 동일시하도록 자극받는데, 착한 사람은 '착하기' 때문에 어떠한 폭력을 행사해도 되며 언제나 이긴다. 착한 사람들은 나쁜 사람보다 더 강력하고 좋은 무기로 무장하지 않으면 전멸당할 지속적인 위협에 직면한다. 싸움으로 나타나는 신체적, 인간적 고통은 결코 묘사되지 않기 때문에 싸움은 부분적으로 미화되어 진다. 힘 있고 강력하다고 느끼는 것은 안녕감(a sense of well-being)과 같은 것이다.

또한 갈등과 갈등 해결에 대한 정보가 매우 많다. 의견의 불일치는 언제나 폭력으로 끝을 맺는다. '착한' 편과 '나쁜' 편 사이의 대화는 결코 묘사되지 않으며, 다른 사람의 관점을 이해하려는 시도도 보여 지지 않는다. 여성과 남성 간의 관계 특성에 대한 정보도 주어진다. 여성은 일반적으로 남성에게 복종하는 역할로 묘사되며, 매우 성적으로 그려지고, 폭력의 피해자로 나타내는 경우가 많다.

뉴스를 통하여 유아가 보게 되는 실제 세계에서의 폭력도 있다. 성인의 관점에서 볼 때, 뉴스 폭력의 정치적 내용은 유아가 텔레비전에서 보는 폭력처럼 흑과 백으로만 되어 있지는 않다. 그러나 한 번에 한 가지 측면에만 초점을 맞추며 상황의 가장 구체적이고 현저한 특성에만 초점을 맞추는 유아에게, 실제 세계에서의 폭력에 대한 뉴스는 만화에서와 같은 정치적 메시지를 전달할 수 있다.

매체에 스며든 폭력의 내용들과 유아의 놀이에서 폭력이 나타나는 방법들로 인해 사회정치적 관점의 지지자들은 전쟁놀이가 유아에게 해로운 정치적, 도덕적 내용을 가르친다고 주장한다.

마지막으로, 유아가 놀이에 사용하도록 이 사회가 제공해 준 놀잇감은 유아가 어떤 놀이를 어떻게 하는지에 영향을 미친다. 2장에서 언급했듯이, 오늘날 잘 팔리는 장난감들은 폭력적인 텔레비전, 영화, 비디오 게임과 관련된 것들이다. 더욱이, 이러한 매우 사실적인 장난감은 유아가 놀이할 때 화면에서 보았던 폭력을 "모방"해야만 한다는 메시지를 준다. 미국에서 싸움과 관련된 장난감 판매가 증가하는 것과 정부가 전쟁에 초점을 둔 정책을 펴고, 방위비를 증가시킨 것이 동시에 일어나는 것은 우연이 아니다.

7) 현대 사회를 보는 사회정치적 관점

오늘날 전쟁놀이를 사회정치적 관점으로 보면 전쟁놀이를 통해 유아가 배우는 내용들에 대해 걱정하는 것이 옳다는 결론을 내리게 된다. 유아는 자신의 환경에서 다양한 경로를 통해 들은 정치적 내용을 성인들과는 전혀 다른 방식으로 생각을 형성해 간다. 놀이가 경험으로부터 의미를 형성하는 주요한 도구이기 때문에, 유아는 자신들이 들은 것을 놀이(전쟁놀이 포함)로 가지고 오며, 점차 개념을 형성해 간다. 유아가 폭력에 더 많이 노출될수록, 놀이에 폭력적인 내용이 더 많이 나타나며, 이것은 유아가 학습하는 것에 영향을 미친다. 오늘날에는 놀이에서 폭력을 다루고자 하는 욕구를 가진 유아들을 많이 볼 수 있다. 또한, 유아가 보는 폭력 중 많은 것은 오락적인 매체와 관련되어 있는데, 오락적인 매체에서는 폭력이 칭송받고 갈등을 해결하는 방법으로 선택된 것으로 나타난다. 그래서 유아가 배우는 내용들은 폭력을 미화하고 수용하는 개념을 형성하는데 영향을 미치게 된다.

3. 전쟁놀이 딜레마 재구성: 두 관점을 취하는 것이 하나의 관점을 취하는 것 보다 좋다

전쟁놀이에 대한 논쟁에서 두 측면을 탐색해 보면 두 측면 모두 매우 타당하다는 결론에 도달하게 된다. 발달적 관점에서 보면, 유아는 자신들이 해야 할 필요가 있는 것들을 놀이로 가져온다. 유아가 폭력적인 내용을 놀이에 가져온다면 유아들은 어떤 욕구를 충족하기 위해 노력하고 있는 것이다. 사회정치적 관점에서 보면, 유아는 자신들이 놀이하는 것과 폭력을 놀이에 가져올 때 배우는데, 유아는 폭력으로 인해 나쁜 것을 학습할 수 있다. 그래서 우리가 갖는 딜레마는 타당해 보이는 두 가지 입장을 어떻게 조화시킬 것인가 하는 것이다. 이 문제에 답하기 위해서는 놀이의 특성과 맥락에 대해 알아볼 필요가 있다.

1) 전쟁놀이에서 전쟁과 평화에 대해 학습하기

모든 전쟁놀이가 다 같지는 않다. 유아가 내용과 줄거리를 통제하는 '놀이'가 주로 나타나는가? 아니면 줄거리가 외부 세계에 의해 통제받는 '모방'이 주로 나타나는가? 전쟁놀이의 특성, 질, 내용은 전쟁놀이를 통해 유아가 배우는 것에 영향을 미친다.

전쟁놀이를 할 때 유아가 통제권을 가지고 있으며 풍부한 경험으로부터 나오는 것이라면, 유아는 자신의 정치적 지식을 구성하는 적극적인 주체가 되는 것이다. 유아가 어떤 경험을 역동적인 놀이에서 표현하기로 결정할 때는, 그 순간의 욕구와 정치적 이해에 가장 관련되는 정보를 선택하게 된다. 역할과 행동이 유동적이며 변화할 때에는, 유아의 정치적 지식이 확장되고, 심화되고, 발전하고 있는 것이다. 이러한 상황에서 놀이는 유아가 개념을 형성하는 주요한 도구로서의 기능을 다하는 것이다. 또한 발달적으로 적절한 방식으로 이후의 정치적 이해를 위한 기초가 형성되어 지고 있는 것이다. 결과적으로, 유아는 스스로가 형성한 정치적 개념을 놀이로 가져오며, 거꾸로 실제 세계를 해석하고 의미있는 방식으로 행동하는데 스스로가 형성한 정치적 개념을 활용하기도 한다.

자신의 욕구를 충족시키는 풍부하고 개인적으로 의미있는 놀이 과정에 몰두할 때는, 비록 폭력적인 내용이라 할지라도, 평화에 대하여 그리고 평화를 향하여 나아갈 수 있는 방법에 대한 정치적 내용을 학습할 수 있다. 그러나 언제나 그런 것은 아니다. 군국주의를 지지하고 폭력을 수용하는 것을 배울 수도 있다. 유아가 배우게 되는 것이 전쟁에 초점이 맞춰진 것인지 아니면 평화에 초점이 맞추어진 것인지는 놀이가 일어나는 전체적인 맥락에 따라 다르다. '맥락'이라고 하는 것은 유아가 가지고 노는 장난감이나 놀잇감의 종류, 폭력이 놀이에서 어떻게 해결되는지, 놀이에서 다루고 있는 문제들을 실제 세계와 어떻게 연결하는지, 그리고 유아들이 학습하는 내용을 중재하는 성인의 역할은 어떠한지 등과 같은 것들을 말한다.

그러나 전쟁놀이가 창의적 놀이라기보다는 모방이 지배적일 때, 놀이를 통해 발달되는 정치적 견해는 스스로 구성한 이해라기보다는 자신들이 본 폭력을 따라한 것이 되는 경향이 있다. 이 경우, 유아는 대체로 자신들이 보았던 폭력과 군국주의적 내용을 모방하고 있는 것이지, 스스로 정치적 견해와 이해를 형성한 내용으로 놀이하는 것이 아니다. 이럴 때 유아는 폭력을 통해 해로운 것을 학습하게 되는 경향이 있다.

2) 두 관점을 활용할 때 나타날 수 있는 고민들

우리가 들은 대부분의 놀이는 1, 2장에서 살펴보았던 예들에서처럼, 유아가 폭력적인 텔레비전 프로그램이나 영화에서 폭력적인 인물의 행동을 모방하는 것에 대한 것이다. 현 상황에서 전쟁놀이를 보는데 어떠한 관점을 사용하더라도 걱정이 없을 수는 없다.

발달적 관점에서 볼 때, 유아가 대중매체에 보다 많이 접하게 되면서, 놀이할 시간이 점점 줄어들게 된다. 폭력에 더 많이, 특히 영상에서의 폭력에 더 많이 노출될수록 더 많은 폭력적인 내용을 놀이로 가져오게 된다. 그러나 이러한 경우 대부분의 놀이는 창조적인 것이라기보다는 모방적인 것이 된다. 이러한 종류의 모방 놀이는 유아의 욕구를 충족시키지 못한다. 유아 스스로 만들어낸 풍부한 놀이 시나리오에 폭력을 통합시키지 못하고 단순히 폭력을 모방하는 유아들은 사회정치적 관점에서 볼 때는 폭력에 대한 부정적인 측면을 배우게 되는 것 같다.

사회정치적 관점에서 볼 때, 창의적인 놀이의 질이 저하되고 유아가 폭력에 더 많이 노출되면, 유아가 형성하는 개념은 단순히 자신들이 보았던 폭력을 반영하는 것이며 해로운 것이 된다. 더욱, 전쟁놀이가 대중매체에서 보았던 폭력적인 줄거리나 폭력에 초점을 두게 하는 매체와 관련된 전쟁 장난감에 의해 이루어질 때는, 유아가 보다 구성주의적인 놀이를 하는 것이 어렵게 되며, 이 경우에는 유아가 사용하는 폭력은 가상의 권력감을 제공할 것이다. 이는 창의적인 놀이로부터 생기는 깊이 있는 통제감과 숙달감을 경험함으로써 발달되는 내적 유능감의 향상에는 도움이 되지 못한다.

유아의 욕구와 행동이 단절된 것으로 인해 성인들이 오늘날의 전쟁놀이(공격적인 놀이와 통제하기 힘든 놀이, 전쟁놀이에 사로잡힌 것 같은 아이들, 놀이에서 사용하는 폭력을 놀이 밖의 일상의 상호작용과 갈등에까지 가져오는 아이들)에 대해 걱정하고 있다. 유아의 놀이에서 폭력과 공격이 증가하는 원인에 대하여 많은 부모와 교사들이 서로를 비판하려 하지만, 이것은 잘못된 것이다.

사회에서의 변화, 특히 대중매체와 장난감 산업(보다 넓은 정치적 분위기를 반영하는)에서의 변화로 인해 오늘날 많은 성인들이 전쟁놀이 딜레마를 일으키는 전쟁놀이에 대한 많은 걱정들을 하고 있다.

4. 결론: 오늘날의 전쟁놀이와 두 가지 관점

오늘날 전쟁놀이에 대하여 많은 어른들이 걱정하는 바에 대해 이론적으로 설명하는 것이 가능하다고 이제는 말할 수 있다. 발달적 관점에서 볼 때, 이러한 놀이들은 예전처럼 유아들의 욕구를 충족시켜주지 못한다. 사회정치적 관점에서 볼 때는 놀이가 점차 폭력적이고 군국주의적으로 되어 가고 있다. 이러한 관점은 다른 관점의 측면을 이해하는데 잠재적으로 공헌한다. 부모와 교사들은 발달적 관점을 고려하지 않고는 유아의 정치적 견해의 발달에 적절하게 영향을 미칠 수 없다. 또한 발달적 관점만을 고려한다면, 현대 사회의 유아에게 영향을 미치는 정치적 영향을 충분히 이해할 수 없을 것이다.

전쟁놀이에 대해 우리는 어떤 입장을 취할 것인가? 오늘날 유아와 성인의 욕구를 충분히 다루기 위하여 발달적 관점과 사회정치적 관점 모두를 통합하여 유아들과 함께 접근해 나갈 필요가 있다.

제 4 장

오늘날의 전쟁놀이를 가까이에서 관찰하기

유아들의 놀이를 가까이에서 관찰하는 것은, 유아들의 놀이가 주로 자기가 스스로 만들어내는 창의적인 놀이인지, 혹은 모방적인지의 정도를 알 수 있도록 도와줄 것이다. 또한 놀이에 대한 관찰을 통해, 우리는 유아들이 사회정치적 학습과 발달적 이슈를 수행하기 위해 놀이를 어떻게 사용하는지에 대해 많은 것을 알 수 있다. 아래의 세 가지 이야기는 폭력적인 주제로 놀이하는 아이들에 대한 것이다. 각 이야기에 나오는 내용은 아이들이 본 폭력과 관련된 것이다.

사례 1. 공룡을 길들이다

이 이야기의 주인공인 준석이는, 폭력적인 만화 프로그램을 많이 보지 않고 이러한 프로그램과 관련된 장난감을 가지고 있지 않다. 그는 박물관에서 티라노사우루스 렉스 공룡이 다른 공룡들을 괴롭힌 후 죽이고 프테로닥틀로이드(pterodactyl)[33]를 잡아먹는, 폭력과 피로 물든 장면으로 이루어진 만화 영화를 본 후 아래와 같은 놀이에 참여하였다. 그날 저녁에, 집에서 준석이는 자신이 모아둔 공룡들을 가지고 놀았다. 그가 한 행동은 다음과 같다.

준석이는 그의 장난감 티라노사우루스를 집어 들고는 다른 공룡을 요란스럽게 부수고, 넘어뜨리며 말했다. "너의 뼈를 부러뜨릴 거야. 눈을 뽑아 버릴테야. 너를 부숴 버릴테야 … 먹어버리겠어" 그는 티라노사우루스로 반복해서 다른 공룡들을 잔인하게 때렸다. 준석이는 그의 할머니에게 브론토사우루스를 건네주며 이렇게 말했다. "티라노사우루스가 다가올 때, '오, 제발 나를 죽이지 마세요. 난 죽기 싫어요'라고 말하세요". 할머니는 그렇게 했고, 준석이는 티라노사우루스를 가지고 "넌 죽었어."라고 하며 할머니가 가진 공룡을 땅바닥에 내리쳤다.

준석이는 다음으로 두 마리의 공룡을 가지고 한 마리로 다른 공룡에게 "빨리, 내 입 속에 네 머리를 넣어. 난 너를 해치지 않아. 난 널 도우려는 거야."라고 말했다. 준석이는 '희생되는' 공룡을 '도와주는' 공룡의 입속에 넣으며 "여기 있어. 넌 안전해"라고 말하며 소파 뒤에 숨겨두었다. 준석이는 하나하나씩 각 공룡의 머리를 "도와주는 공룡"의 입 속에 넣고 소파 뒤에 그들을 놓아두었다. 그런 후에, 도와주는 공룡을 티라노사우루스에게로 가져가서 내리치며, "넌 죽었어."라고 말했다. 준석이는 장난감 상자에서 꺼낸 막대기를 움켜쥐고 티라노사우루스를 때리며, "이제 다른 공룡들은 안전할거야."라고 말했다. 그는 티라노사우루스를 다른 방으로 옮겼고, "와~, 티라노사우루스가 죽었어."라고 노래 부르며(오즈의 마법사에서 "딩동, 마녀가 죽었어"와 같은 어조로) 소파 뒤에 숨겨져 있던 다른 공룡들을 모두 가져왔다. 준석이는 "이제 모든 가족들이 안전해." 라고 말했다. 그리고 그는 "넌 우리 안에서 살아야 할 거야"라고 말하며 티라노사우루스를 가두었다. 그는 티라노사우루스를 위해 우리를 정교하게 만들고, "너(티라노사우루스)는 가족과 함께 있었지만, 너무 나쁘게 행동했고, 그래서 그들이 너를 쫓아냈어"라고 말한다.

33) 익룡의 한 종류(역자 주)

준석이의 놀이는 폭력만화를 봄으로써 시작되었고 힘과 정복, 선과 악, 폭력에 대한 주제를 포함한다. 우리는 이 놀이 장면에서 보았듯이, 놀이가 어떻게 변해 가는지를 알 수 있다. 놀이의 시작에서 준석이는 단지 만화영화에서 가져온 정보만을 사용한다. 그 다음에 그는 다른 경험으로부터 배웠던 정보를 가져와서 이 상황에 그것을 적용한다(예를 들어, 그는 그의 가족들과 함께한 경험과 그리고 사자 입 속에 작은 동물들이 숨는 것에 대해 읽었던 책에 대한 경험을 통합한다). 놀이는 하나의 초점을 지닌 반복적인 폭력으로 시작하여, 이야기 맥락 내에서의 폭력으로 되고, 결국에는 폭력이 극복되고 제한되는 것으로 끝난다(예를 들어, 우리 속의 티라노사우루스처럼). 놀이의 처음에는 세상은 험악하고 호의적이지 않은 공간이다. 끝에 가서 세상은 공룡가족이 평화롭고 안전하게 살 수 있는 평화로운 장소가 된다. 또한 그는 강력하고 무서운 티라노사우루스의 힘을 가정하고 놀이를 시작했다. 그리고 그는 점차 희생(자)의 입장을 통합한다("오, 제발 날 죽이지 말아요"). 결국 준석이는 티라노사우루스의 힘을 '착한' 공룡가족에게로 옮기면서 '작은 세상'의 관현악 편성자처럼 물러서서 조정자가 된다.

준석이의 놀이를 관찰하면서, 우리는 준석이의 놀이가 일련의 단계를 거쳐 진보한다는 것을 알 수 있다. 첫 번째 단계에서 준석이는 처음에는 그가 본 것을 모방한다. 그는 티라노사우루스 렉스를 가지고 반복해서 자신의 장난감 공룡들을 때렸다. 이것은 그가 경험했던 새로운 무엇(폭력적인 만화 장면)을 이용한 매우 경직된 단계이다. 다음 단계에서, 준석이는 줄거리에 변화를 주기 위해서 할머니의 역할을 끌어들임으로써 새로운 아이디어를 구체화 하였다. 그런 후에 그는 새로운 이야기를 실제로 창조하기 시작하는 세 번째 단계로 들어간다. 새로운 역할 만들기(예, 도와주는 공룡), 새로운 소품 사용하기(예, 소파, 다른 방), 놀이에 자신의 관심사 끌어들이기-특히 격리(가족에 포함되거나 제외되었을 때의 느낌, 감정)와 극복(무서운 만화영화를 보면서 가진 공포 극복하기).

준석이는 원래의 아이디어 위에 주요한 변화를 주면서 자유롭게 충분히 실험함으로써 편안함을 느낀다. 그는 자신의 발달적 관심을 놀이에서 나타내고, 개념에 대한 이해를 구성하기 위해 놀이를 활용할 수 있다. 예를 들어, 준석이는 티라노사우루스를 죽임으로써 티라노사우루스의 위협을 제거하는 한 가지 방법을 시도하고, 그런 다음 우리를 만드는 것과 같은 덜 폭력적인 수단인 다른 방법을 실험한다. 이렇게 함으로써, 준석이의 폭력에 대한 이해와 갈등을 해결하는 방법이 다소 확장되었다. 또한 그는 공룡들이 또 다른 공룡을 도울 수 있는 방법들을 고안함으로써 협력에 대해 알게 되었다. 이것은 새로운 생각들이 적극적으로 창조되는 단계이다. 이 단계는 새로운 경험을 자신에게 의미있는 것으로 만들면서 준석이가 모든 것을 통제하는 놀이 단계이다. 놀이의 끝으로 가면서, 준석이는 이야기의 해결책을 찾는 마지막 단계에 이르게 된다. 그는 티라노사우루스 렉스의 위협으로부터 자유로운 세상을 만들어 내고, 이와 함께 그 자신의 능력감을 경험한다.

사례 2. 파워, 파워, 파워 레인저

텔레비전을 보고 난 후, 파워 레인저 프로그램을 좋아하는 4살 민재와 6살 정우는 파워레인저 장난감을 이용한 상상적인 비행기에 함께 앉아 있다. 그들은 텔레비전에서 보통 고등학생들이 마스크를 쓴 파워 레인저로 "변신"하는 것처럼, 반복적으로 장난감의 뒤 쪽에 있는 버튼을 눌러댄다. 다음으로, 민재와 정우는 각 손에 파워 레인저를 들고 "파워, 파워"소리를 내면서 앞에 있는 의자에 대고 부딪히기 시작한다. 이어서, 장난감으로 각자 가라데 자세를 장난스럽게 시작한다. 장난감을 내려놓고 "비행기"에서 내릴 때, 그들은 똑같이 "파워, 파워" 소리를 내면서 각자 가라데 자세를 취했다. 갑자기, 민재가 발로 정우의 무릎을 진짜로 공격했다. 정우가 눈물을 흘리며 민재에게 소리 지르자, 민재는 "하지만 이건 가짜야, 진짜가 아니잖아"라고 우겼다.

민재와 정우는 아주 인기 있는 텔레비전 프로그램인 파워레인저에 나오는 매우 사실적인 복제물 캐릭터인 파워 레인저 장난감으로 놀고 있다. 그들은 파워레인저의 영웅들로 "변신"하도록 하기 위해 만들어진 장남감으로 차기, 가라데-자세와 같은 동작에 초점으로 맞추며 놀이하였다. 이 이야기가 변화되어 가는 것을 보면, 처음에는 파워레인저가 싸우는 것에 초점이 머무른다. 등장인물들은 서로 싸웠고, 그런 후 주변의 물건들을 쳤다. 그리고 장난감을 내려놓고 유아들은 각자의 몸을 이용하여 다른 사람을 가라데 자세로 차는 것으로 연결되었다. 그리고 그렇게 폭력을 모방하는 것에 대해 어떠한 중재도 받지 않자, 결국에는 누군가를 해치게 되었다.

발달적인 관점에서 볼 때, 민재와 정우는 텔레비전에서 방영된 파워 레인저에서 보았던 가라데-자세를 그들의 놀이에 끌어들였기 때문에, 그들은 자신들이 이해한 것을 수행하기 위해 노력하는 것 같다. 그러나 텔레비전 캐릭터의 사실적인 복제물인 장난감들은 가짜 싸움놀이라는 한 가지 용도로만 사용되었다. 앞에 나온 준석이의 놀이와 유사하게, 이 놀이는 유아들이 폭력의 가장 사실적이고 극적인 측면을 모방하는 것으로 시작한다. 그러나 여기서 놀이는 다른 내용은 거의 없이 파워 레인저 프로그램에서 본 폭력(가라데 자세와 싸우기)에만 초점이 맞춰져 있다. 놀이에서 유일하게 진전된 것은 어려운 가라데 자세가 증가한 것뿐이다. 이야기나 폭력이 해결된 증거는 거의 없다. 유아들의 놀이를 관찰했음에도 불구하고 우리는 그들에게 폭력이 어떤 의미로 다가가는지, 혹은 그들이 무엇을 이해하고 수행하기 위해 싸우는지에 대해 전혀 알지 못했다. 앞에 준석이의 놀이와 비교했을 때, 민재와 정우는 덜 적극적인 역할(비록 신체적으로는 적극적일지라도)을 수행하고, 창의성과 상상력, 그리고 텔레비전에서 보았던 것을 자신에게 의미있는 것으로 바꾸는 기술을 덜 사용하는 것으로 보인다. 발달적인 관점은 우리로 하여금 두 유아의 놀이가 앞에서 나온 준석이의 놀이만큼 충분하게 그들의 욕구를 충족시키는지 어떤지에 대해 의문을 갖게 한다. 만약 그렇지 못했다면, 놀이가 유아들의 발달적인 관심을 진정으로 충족시키지 않는 것이기 때문에 걱정이 된다. 그것은 모방이지 창의적인 놀이가 아니다.

사회정치적인 관점에서도 걱정스러운 결론이 나온다. 민재와 정우는 놀이를 통하여 계속 반복해서 파워 레인저의 똑같은 폭력 행동을 모방하는 데에만 집중한다. 그들은 폭력, 다른 사람에게 미치는 폭력의 영향, 그리고 그것에 대한 다른 대안들은 발견하지 못한 것 같다. 이러한 상황을 볼 때, 그들은 영화에서 본 폭력을 미화하지 않고, 폭력과 비폭력에 대해 더 깊은 교훈을 배우고, 자신들의 놀이에 책임을 지고 변형하는 아이들보다 덜 배우고 있는 것 같다.

준석이의 놀이와 민재와 정우의 놀이는 뚜렷하게 구별된다. 이러한 놀이 형태가 일반적으로 그 놀이를 대표하는 것이라면, 개별 유아의 전체적인 발달에 대한 시사점은 더욱 중요하다. 아동발달과 놀이이론의 측면에서, 준석이의 놀이는 건전한 발달에 필수적인 것으로 오랫동안 간주되어 왔다. 민재와 정우의 놀이는, 오늘날 유아들의 놀이가 어떻게 과거보다 더 해롭고 다를 수 있는지에 대한 교사와 부모들의 관심을 우리에게 보여주는 좋은 예라고 할 수 있다.

사례 3. 뉴스폭력이 세상을 뒤흔든다

4살 된 소연이와 형석이는 20분 동안, 큰 할로우 블록으로 건물을 만드는 것을 네 번째로 하고 있다. 소연이는 조심스럽게 내부를 기어 다니고 형석이는 주먹과 발로 건물을 부수며 "빵! 퍽, 무너져"라고 소리를 지르기 시작한다. 형석이가 차고 소리 지르기를 계속하는 동안, 블록 아래 깔려있는 소연이가 "도와줘, 함정에 빠졌어. 우리 집이 지금 무너져. 난 갇혔어. 움직일 수가 없다고. 도와줘, 도와줘"라고 외친다. 앞의 건물 세 개가 무너질 때는 소연이가 '죽는'것으로 끝났지만, 이번에(네 번째)는 붕괴된 건물 아래 소연이가 깔려 도와달라고 부르는 것과 동시에, 형석이가 정신없이 블록 더미들을 들어내며, "걱정 마, 내가 왔어, 내가 왔다고" 라고 소리쳤다.

그런 후 형석이는 잔해더미 밖으로 나와 웃고 있는 소연이를 열광적으로 끌어안았다. 몇 분 후에 그들은 다시 건물을 쌓기 시작한다.

소연이와 형석이의 놀이는 오클라호마 시의 주정부 건물이 폭파되어 사람들이 매몰된 것에 대한 뉴스를 듣고 난 후에 나타났다. 뉴스의 내용을 놀이에 표현하는 것은 특별한 것은 아니다. 우리는 아시아에서의 쓰나미 비극 후와 마찬가지로, 세계무역센터 비극 이후 몇 달 동안 비슷한 놀이에 대해 많이 들었다.

소연이와 형석이는 블록 놀이를 사용하여 오클라호마 시의 폭파를 재연하였고, 실제로 같은 상황을 몇 번 재연했다. 그러나 결국, 끝에 가서는 소연이가 '죽는'것으로 된 이야기의 결말(폭력의 한 결과) 대신에, 최종적으로 긍정적인 결말(희생자를 구조하고 그녀가 안전하다는 것을 확신하는 것)을 찾아내는 것으로 바뀌었다.

발달적인 관점에서, 교사들은 유아들이 폭발에 대해 듣지 않았거나 혹은 들은 것을 교실로 가져오지 않기를 원하지만, 유아들의 놀이가 강렬하고 상세한 것을 보면 그들이 자신들에게 중요한 무엇인가를 하고 있다는 것을 알 수 있다. 오클라호마 시에서 일어난 폭파에 대해서 들은 후, 놀이는 그들의 이해와 질문, 관심들을 표현하는데 중요한 수단이 되었다. 놀이는 그들이 어떤 해결점에 도달하고 안전감을 회복하도록 돕는다.

소연이와 형석이의 놀이에서처럼, 유아들은 그들의 발달수준에 가장 이해하기 쉬운 측면(건물이 무너졌을 때 건물 안에 사람들이 깔린, 가장 사실적이고도 구체적인 상황)에 초점을 맞춘다. 그리고 그들의 생각을 수행하기 위한 출발점으로써, 이미 알고 있는 것(블록더미 아래 깔렸을 때 어떻게 느껴지는지, 어떤 것이 그렇게 폭발하는지, 구조작업을 어떻게 하는지)을 사용한다. 놀이 재료로써 블록을 사용하고 함께 놀이하는 중요한 기술들은 자신에게 의미있는 방법으로 폭발장면을 놀이에 활용하는 능력과 관련이 있다. 또한 놀이를 통하여 어른들은 아이들이 무엇을 들었는지, 들은 것을 어떻게 이해했는지, 그리고 그들의 관심사를 가지고 활동하기 위해서 필요한 것이 무엇인지에 대한 정보를 알 수 있다.

사회정치적 관점에서, 우리는 유아들이 폭력에 대해, 그리고 사람들이 다른 사람들을 어떻게 대하는지에 대해 무엇을 배웠는지를 생각해볼 필요가 있다. 위에서 보여준 흥미로운 사례는, 형석이가 건물을 무너뜨리고 소연이를 해치는 척 연기하는 것과 같이 폭력을 미화하고 강조하는 것 같이 보인다. 또한 놀이에서 형석이는 도움을 주는 사람이며 구조자가 되기 위해 변화한다. 그 결과, 유아들은 폭력이 가져올 결과를 인식하지 못한 채 놀이를 끝내지는 않는다. 유아들은 폭력이 주는 무력감과 공포를 단순히 경험하지는 않는다. 대신에, 유아들은 사람들이 자신의 행동을 통해 그들이 이해할 수 있는 방법으로 다른 사람을 도울 수 있고 돕는다는 메시지를 직접적으로 경험하고, 느끼고, 재인식하면서, 사람과 사물에 대한 폭력의 영향을 이해하면서 놀이를 한다. 결국, 소연이와 형석이는 긍정적인 사회적 메시지(예를 들어 다친 사람을 어떻게 돕는지, 자기에게 직접적인 세상에서 유의미한 것이 무엇인지)를 학습한다. 동시에 그들은 어른들이 할 것 같은 질문을 하지도 않고, 어른들과 똑같이 이해하지도 않는다.

결 론

발달적인 관점과 사회정치적인 관점에서 세 가지 놀이 장면을 살펴봄으로써, 폭력이 동반된 놀이의 본질과 기능에서 근본적인 차이점이 있다는 사실을 알 수 있다. 한 측면에서, 첫 번째와 세 번째 놀이의 예는, 아이들이 사회적, 도덕적, 인지적인 문제들을 긍정적인 방법으로 다루는 것을 보여준다. 다른 측면에서 두 번째 장면인 민재와 정우의 놀이는 폭력이 재미있고 흥미로운 것이라고 배운다는 걱정스러운 결론에 도달하게 한다. 또한 우리는 유아들이 자신의 요구를 수행하고, 더 새롭고 진보된 수준의 이해하는 것을 보지 못했다. 그래서 현대 사회에서 전쟁놀이 딜레마를 어떻게 해결할지를 새로운 관점으로 탐색해 보고자 한다.

3

전쟁놀이 딜레마를 해결하기 위한 전략들

제 5 장 전쟁놀이를 금지할 것인가? 허용할 것인가? 전쟁놀이에 대해 어떻게 접근할 것인가

부모나 교사들과 전쟁놀이를 가정이나 기관에서 어떻게 다룰 것인가에 대해 이야기해보면, 자신들이 어떻게 해야 할 지 모호할 때가 많다고 한다. 교사나 부모가 사용하는 접근방법들이 모두 만족스럽지는 않은 것 같다. 그러나 대개 부모와 교사들은 전쟁놀이 논쟁의 두 가지 측면(전쟁놀이를 허용할 것인가, 혹은 전쟁놀이를 금지할 것인가) 중 한 가지를 선택한다. 전쟁놀이를 다루는 여러 가지가 있는데, 이를 다음과 같이 네 가지로 분류하였고, 여기에 다섯 번째 방법을 추가하였다.

방법 1: 전쟁놀이를 금지하라.

방법 2: 전쟁놀이를 방치하라.

방법 3: 일정한 제한을 두고, 전쟁놀이를 허용하라

방법 4: 전쟁놀이를 적극적으로 촉진하라.

방법 5: 전쟁놀이를 제한하되, 다른 대안적인 놀이 방법을 제시하라.

대부분의 부모와 교사들은 전쟁놀이를 금지한다. 부모와 교사들은 전쟁놀이가 갖는 정치적 사회화에 대한 의의 측면에서, 그리고 유아의 사회화에 대한 부모와 교사들의 역할과 책임감 측면에서 전쟁놀이를 보려는 경향이 있다. 또한 유아들이 자주 다치기도 하고 통제하기 힘들어지기 때문에 전쟁놀이를 금지하기도 한다.

어떠한 형태로든 전쟁놀이를 허용하는 성인들도 많다. 그들은 전쟁놀이가 유아의 발달과 관련이 있고 발달을 지원하는 성인의 역할과 책임 측면에서 전쟁놀이를 보는 경향이 있다. 전쟁놀이에 대해 어떻게 접근할 지를 결정할 때, 성인들은 자신이 강조하고 싶은 역할과 책임의 정도에 따라 명백하거나 혹은 명백하지 않게 선택하는 듯하다.

동시에, 많은 부모와 교사들은 전쟁놀이에 대하여 어떤 접근을 선택하든지 간에, 논쟁의 또 다른 측면을 적절히 다루고 있지 못하다고 생각하는 것 같다. 부모와 교사들은 전쟁놀이 딜레마를 언급하지 않고 있다.

부모와 교사들이 발달적이고 사회정치적인 관점에 대한 관심을 어떻게 잘 언급하는 가의 측면에서 다양한 방법들을 보다 자세히 살펴보자. 즉, 어떻게 유아들을 발달시키고 유아들의 욕구를 충족시켜주는가? 그리고, 어떤 수업이 유아들에게 폭력과 사회적 정치적 세계와 관련된 것을 학습하도록 하는가?

방법 1: 전쟁놀이를 금지하라

> 우리는 "학교에 총 가져오지 않기"라는 규칙을 엄격하게 강요해왔다. 만약 유아가 규칙에 대해 설명("총은 사람을 다치게 한다. 우리는 사람을 다치게 하는 척 하는 것도 해서는 안 된다")을 듣고도 고집한다면, 그 유아는 타임아웃을 받을 것이다…. 불행하게도, 어떤 유아들은 총에 집착하여 타임아웃을 자주 받게 된다.

전쟁놀이를 금지하는 접근방법을 선택한 성인들은 때로는 설명을 하기도하고, 때로는 설명 없이 유아들에게 어떠한 종류의 전쟁과 무기 놀이도 허용하지 않는다. 많은 교사와 부모들은 사회정치적 견해를 갖고 있기 때문에, 이러한 방법을 선택한다. 즉, 부모와 교사들은 전쟁놀이가 군국주의적 태도와 유해한 행동을 발달시킨다고 생각한다. 부모와 교사들이 전쟁놀이를 금지할 때, 비폭력을 가르치고자 하는 그들의 욕구와 전쟁놀이가 충돌할 경우 야기될 수 있는 어려움을 경험하지 않게 된다. 실제로, 성인들은 폭력을 가장하는 것조차도 나쁜 것이라는 입장에서 전쟁놀이를 금지시킴으로써 비폭력을 가르치고 있다고 생각한다. 결국, 전쟁놀이를 금지하는 접근방법은 전쟁놀이 때문에 일어나는, '훈육' 문제와 안전문제를 없애주기 때문에 성인들에게는 매우 매력적인 방법이다.

그러나 이전 장에서 논의한 바에 기초하여 보면, 전쟁놀이를 금지하는 방법은 유아들의 발달적 욕구를 충족시키는 데 방해가 될 수도 있다. 만약 유아들이 보았던 전쟁과 관련된 이미지와 내용을 이해하기 위해 폭력놀이를 필요로 한다면, 전쟁놀이를 금지하는 성인들은 그 방법으로 유아들에게서 발달적 욕구 충족의 기회를 박탈하고 있는 것이다. 동시에, 유아들이 일상생활 속에서 많은 폭력에 노출되고 놀이를 통해 그러한 폭력을 발산하려는 욕구가 증가한다면, 우리는 전쟁놀이를 금지하는 것이 유아들에게 어떠한 영향을 미치는지에 대해 생각해 볼 필요가 있다.

발달적 관점에서, 전쟁놀이를 금지하는 것은 또 다른 문제를 야기한다. 성인들이 유아들에게 전쟁놀이는 "잘못된 거야" 혹은 "나쁜 거야"라고 말할 때(예를 들면, "총은 사람을 다치게 한다. 우리는 사람을 다치게 하는 척 하는 것조차 해서는 안 된다"), 우리는 유아들에게 그들의 욕구를 충족시키려는 자기 자신에 대하여 죄의식이나 나쁜 감정을 갖도록 할 위험이 있다. 심지어 유아들에게 가정에서나 기관에서 전쟁놀이에 참여하면 안 된다고 부드럽게 말할 때조차도 새로운 문제는 야기될 수 있다. 이것은 유아들에게 매력적이고, 혼란스럽고, 자신들이 걱정하는 것들을 수행할 때조차도 성인들에게 도움을 청할 수 없다는 메시지를 전달한다. 그리고 우리는 유아들이 욕구를 충족시킬 수 있도록 돕는데 어려움을 갖게 된다.

사회정치적 관점에서, 전쟁놀이를 금지하는 것은 유아들이 그들의 삶에서 중요한 성인들에게 정말 흥미 있거나 관심 있는 어떤 것들을 숨기도록 하고 폭력에 대하여 해로운 것을 배우게 되는 결과를 초래할 것이다. 또한 유아들이 본 폭력을 이해하기 위한 자신들만의 방법을 사용하도록 내버려두게 된다. 그리고 특히 걱정되는 것은, 유아들이 교사나 부모의 시야에서 벗어나 전쟁놀이에 참여할 경우, 폭력과 사회적 행동을 학습하는 것에 대해 우리가 직접적인 영향을 끼치지 못하게 된다는 것이다. 사실상 유아들이 놀이에서 구성하고 있는 정치적 개념들에 영향을 끼치지 못함으로써 우리는 유아들이 폭력을 통해 학습한 것에 영향을 끼칠 수 있는 중요한 방법을 포기하는 것이다.

요약하면, 전쟁놀이를 금지하는 접근방법은 성인들이 유아들에게 비폭력을 가르치고 있다고 느끼게 하지만, 유아들에 대한 우리의 책임을 적절히 수행하지 않는 것이다. 이러한 방법은 가정과 교실에서의 문제와 논쟁들을 제거하는 듯하지만, 교실과 가정이 아닌 사회적 영향에 의해 유아들이 발달(유아들의 욕구 충족과 정치적 이해의 성장)하도록 방치하는 것이다.

방법 2: 전쟁놀이를 방치하라

> 우리 학급의 유아들은 전쟁놀이를 좋아한다. 나는 유아들이 나의 간섭 없이 그들 자신의 방식으로 놀이할 필요가 있다고 생각한다. 그래서 나는 다치게 하는 사람만 없다면 관여하지 않는다.

자유방임적 접근은 유아들이 선택한 것이 무엇이든지간에(전쟁놀이 포함) 놀이하도록 허용한다. 드물지만 전쟁놀이에 대한 명확한 입장을 갖고 있지 못하기 때문에 직접적으로 다루지 않고 모른 척하며 전쟁놀이를 허용하는 경우도 있다. 이러한 방법은 기본적으로 유아들의 욕구를 지지하는 사람들과 유아들은 전쟁놀이에 진정으로 흥미를 갖고 있다고 생각하는 사람들이 좋아하는 방법이다. 이것은 부모나 교사가 유아들이 좋아하는 놀이 방법과 욕구를 수용해 준다고 느끼도록 하는 긍정적인 방법이 될 수 있다.

자유방임적 접근이 두 가지 관점을 통해 보면 어떻게 비춰질 것인가? 자유방임적 접근은 유아들이 놀이를 통해 발달적 욕구를 충족시킬 가능성을 열어준다. 그러나 유아들에게 스스로 모든 것을 하도록 내버려둔다면, 우리는 유아들의 욕구가 충족되고 있는지의 여부를 알 수 없게 된다. 소꿉놀이와 같은, 다른 종류의 극놀이에서, 성인들은 새로운 역할을 제안하거나 지원함으로써 보다 적극적인 촉진자로서의 역할을 수행한다. 자유방임적 접근방법을 사용할 경우, 유아들이 스스로 할 수 있는 범위까지만 놀이를 발달시키도록 내버려 두는 것이다. 우리가 전쟁놀이에 참여하지 않거나 영향을 끼치지 않는다면, 영향을 줄 수 있는 어떤 영역을 포기하는 것이다.

게다가, 우리가 참여하지 않는 것은 유아들에게 안전의 문제를 남겨둔다. 전쟁놀이에서의 폭력적인 내용과 유아들이 전쟁놀이를 하는 방식은 유아들에게 불안감을 느끼게 할 수 있다. 이것은 놀이의 질에 영향을 미치고 유아들이 중요한 문제들을 다루기 위해 놀이를 활용하는 범위에 영향을 미칠 수 있다. 유아들은 놀이에서 자신을 안전하게 보호하기 위한 다양한 능력을 가지고 있다. 만약 성인들이 어떠한 외부적 통제도 하지 않는다면, 유아들이 전쟁놀이에서 안전하다고 느끼는 경우는 거의 드물다. 그리고 오늘날 전쟁놀이가 어떻게 통제를 벗어나고 불안감을 느끼게 하는지에 대하여 자주 듣게 된다.

자유방임적 접근은 유아들이 전쟁놀이로부터 학습하는 것에 대한 영향력에서 성인들의 책임감을 충족시킬 수 있을까? 전쟁놀이를 금지하는 접근방법을 취할 경우처럼 우리가 전쟁놀이에 참여하지 않는다면, 유아들이 본 폭력적 이미지들에 대한 모방은 방치된다. 우리가 유아들을 도와주지 않는다면, 폭력에 대해 유아들이 자신의 생각(종종 고정되고 정형화된 생각들)대로 하도록 내버려 두게 된다.

요약하면, 자유방임적 접근은 발달적 관점이나 사회정치적 관점을 적절하게 언급하지 않는다. 동시에 유아들의 창의적 놀이의 질에 대한 문제가 거론될 때, 그리고 유아들이 전쟁놀이와 정치적 개념들을 발달시키는 데 있어 도움이 필요할 때, 자유방임적 접근이 최선의 선택인가 하는 것은 의문의 여지가 있다.

방법 3: 구체적인 제한을 두면서 전쟁놀이를 허용하라

> 나는 유아들이 다치지 않는 한 밖에서는 전쟁놀이를 허용한다. 만약 모든 구성원들이 참여하길 원하고 장난감 총을 사용하지 않고 가장놀이로 행해진다면 밖에서는 허용하는 것이 규칙이다.

이것은 자유방임적 접근에서의 변화이다. 여기에서 성인들은 전쟁놀이를 허용하지만, 그 놀이에는 명확하게 명시되어 있는 제한이 있다. 성인들은 놀이가 일어날 수 있는 곳, 운동장이나 마당 혹은 블록영역이나 지하실과 같은 그러한 장소를 구체적으로 지정할 것이다. 성인들은 전쟁놀이를 할 수 있는 시간 제한(하루를 시작할 때 혹은 쉬는 시간에)을 할 것이다. 또한 장난감 무기 없이 단지 손가락으로 놀이하거나 상품화된 놀잇감을 사용하지 않고 유아들이 만든 마분지 관과 같은 무기만을 사용하는 것과 같이 전쟁놀이의 자료에도 제한을 둘 것이다. 놀이에서 사회적 상호작용을 안내하는 규칙들이 있을 것이다. 예를 들면, 유아들이 모두 전쟁놀이에 참여할 것을 동의해야 하거나 혹은 어떤 역할은 실제적이고 물리적인 접촉을 가장하거나 억제해야 한다는 것에 동의해야만 한다.

이러한 방법은 성인들에게 매력적일 수 있다. 왜냐하면, 자유방임적 접근에서처럼 유아들이 자신의 욕구를 충족시키기 위해 전쟁놀이를 사용할 기회를 제공하기 때문이다. 명확한 제한들로 인해 자유방임적 접근보다는 유아들이 놀이에서 안전감을 느끼고 통제되도록 도와줄 수 있다. 또한 성인들은 놀이의 경계를 만들어내고, 심지어 발생하는 폭력의 정도에 대한 명확한 한계를 정하기 때문에 일어날 수 있는 문제들을 더 잘 통제할 수 있다. 어떤 점에서, 이것은 발달적 그리고 사회정치적 이슈들 둘 다를 언급하게 되는 중간적 접근이다.

그러나 이 접근방법은 두 가지 관점에 대한 관심을 언급하는 방법에 있어서 한계점들이 있다. 발달적 이슈의 측면에서, 이 접근을 취하는 것은 자유방임적 접근을 취할 때처럼, 놀이 과정을 촉진하는 성인의 역할에 거의 주의를 기울이지 않는다는 것이다. 그러므로 놀이가 허용되는 동안 유아들이 발달적 욕구를 충족시키는 데 성공하는 정도는 여전히 유아들의 몫으로 남아있다.

사회정치적 관점의 측면에서, 만약 성인이 어떤 방법을 제한하기는 하지만 적극적으로 개입하지 않는다면, 유아들이 이해하고 있는 정치적이고 사회적인 개념들은 다시 한번 유이와 사회의 몫으로 남게 된다. 유아들이 놀이에서 이해하고 있는 생각들과 성인의 가치와 목표들 간에는 유의미한 관련성이 거의 없다. 왜냐하면 장난감 총이 전쟁놀이에서 허용되지 않기 때문에 유아들은 부모나 교사가 총을 승인하지 않는다는 것을 알 것이다.

하지만 이것이 총, 전쟁, 그리고 정치학에 대하여 가정과 교실 밖에서 들었던 많은 것들(그들의 놀이 일부가 되는 것들)과 얼마나 일치할 것인가?

우리는 이러한 접근이 결코 이상이 아니라는 것을 느낄 것이다. 왜냐하면 이 접근방법은 놀이를 촉진하고 유아들이 학습한 생각들에 영향을 미친다는 두 가지 측면에서 성인의 역할을 제한하기 때문이다.

방법 4: 전쟁놀이를 적극적으로 촉진하라

> 나는 우리 교실에서 전쟁놀이에 참여하려는 유아들의 욕구를 수용하는 데 오랜 시간이 필요하였다. 나의 생각 속에는 많은 장애들이 있었다. 하지만 올해는 몇 가지 제한을 두면서 전쟁놀이를 허용하고 있다. 그리고 유아들을 관찰하고 다양한 방법으로 개입하면서, 나 자신도 전쟁놀이에 참여하게 되었다.

이 교사는 전쟁과 무기 놀이를 허용하기로 결심하고 그 놀이를 촉진하는 적극적인 역할을 수행하고 있다. 보통 다른 접근방법들 중 하나를 수행하지 않는다 하더라도, 부모들은 유사한 접근을 시도한다고 말하였다.

이러한 접근을 활용하는 것은 유아들이 감정과 생각들을 표현하기 위해 놀이를 이용하는 방법에 대하여 이해하려는 노력과 관련이 있다. 유아들의 놀이를 통제하는 대신 놀이에서 새로운 역할을 제안하고, 새로운 자료를 제공하고, 일시적으로 어떤 역할을 가장함으로써 유아들이 놀이를 확장하고 정교화하도록 도와줄 수 있다. 또한 유아들이 놀이하고 있지 않을 때, 유아들과 놀이에 대해서 그리고 놀이의 내용에 대해서 대화를 할 수 있다. 그러한 노력들은 폭력을 모방한다는 협소한 견지를 넘어서서 유아들이 놀이를 확장하도록 도와줄 수 있고, 이러한 도움은 놀이하는 동안 유아들의 창의성과 문제해결력을 길러준다.

이러한 접근은 많은 사람들이 수용하기는 어렵다. 그것은 많은 사람들이 유아들의 삶으로부터 영원히 추방하기를 바라는 것과 관련되어 있고, 많은 사람들이 해야 할 것을 선택하기보다 놀이에 세심한 주의를 기울일 필요가 있기 때문이다. 우리는 결국, 놀이 안전을 유지하려고 노력하면서 놀이에서 발생하는 것과 유아들이 학습하는 것에 영향을 끼치려는 노력으로부터 오는 부담감을 견뎌내야 한다.

비록 우리에게 어려움이 있다하더라도, 이 접근이 왜 오늘날 전쟁놀이 딜레마를 해결하기 위한 가장 효과적인 접근이 될 수 있는지에 대한 두 가지 중요한 이유가 있다. 첫째, 우리가 적극적인 역할을 하는 전쟁놀이에 유아들이 참여할 때 유아들은 여러 가지 중요한 이슈들을 다룰 기회를 갖게 된다. 이것은 유아들이 다음과 같이 하도록 도와준다.

- 모방놀이 대신 창의적인 놀이에 참여하기
- 공격적 충동 통제하기
- 유아 자신의 관점보다 다른 사람의 관점 갖기
- 환상과 실제 구별하기
- 주변 세계에 대해 이해하기
- 놀이를 통해 유아 자신의 능력과 숙달 경험하기

이 접근방법을 채택해야 하는 두 번째 중요한 이유는, 놀이의 안과 밖에서 유아들이 발달시키는 정치적이고 도덕적인 생각들에 대한 우리의 영향력이 증가한다는 것이다. 즉, 유아들이 놀이를 통해 가져오는 개념들

(적과 친구, 선과 악, 전쟁과 평화의 본질, 그리고 타인과의 갈등을 해결하는 수단으로써의 폭력에 대한 개념들)은 우리의 영향력 내에 있게 된다. 우리는 유아들의 발달수준과 흥미에 기초하여 이러한 개념들에 영향을 미치려고 시도함으로써 정치적 사회화의 긍정적인 안내자가 된다.

이러한 두 가지 이유로 인해, 이 방법은 전쟁놀이 딜레마를 해결하기 위해 이용할만한 가장 강력한 방법이다. 6장에서 보게 되겠지만, 방법 4를 수행하는 것과 관련된 것은 각 유아, 각 가정, 그리고 각각의 교실마다 다양할 것이다. 그러므로 유아들이 스스로 해야 할 것을 주도하도록 따라야 할 필요가 있다.[34)]

전쟁놀이는 더 이상 커다란 이슈가 아닐 것이고 우리는 이러한 방법을 수행하기 위해 많은 것을 할 필요가 없을 것이다. 그러나 그러한 상황에서조차도 유아들이 우리와 함께 있지 않을 때 유아들에게 노출되고 있는 것을 고려할 필요가 있고, 그것을 통해 유아들이 학습하는 것에 영향을 끼치는 방법에 대하여 고려할 필요가 있을 것이다. 이것은 방법 4를 보다 완벽하게 수행하고자 하는 성인들에게 복잡하고 어려운 접근이며, 여전히 부모와 교사들에게 또 다른 요구를 남겨두고 있다. 일반적으로 사회로부터 야기되는, 또 다른 '문제'를 지닌 유아들을 돕는 책임을 다하도록 요구한다. 비록 성인들이 최선의 노력을 했을 때조차도 이 방법을 무사히 수행하지 못하는 사례들이 있을 것이다. 이러한 이유 때문에 우리는 다음의 방법 5를 추가하였다.

---

34) 학습을 촉진하기 위해 우리가 해야 할 것을 결정할 때 유아로부터 얻는 생각은 "레지오 에밀리아" 접근에서 교육과정 개발의 중요성 뿐 아니라 유아들과 함께 구성하는 "발현적 교육과정"의 중요성에서 기술되는 접근들과 유사하다. 예를 들면, E. Jones & J. Nimmo(Washington, DC: National Association for the Education of Young Children, 1994)의 *Emergent Curriculum*과 C. P. Edwards, L. Gandini, & G. Forman(Norwood, NJ: Ablex, 1998)의 *The Hundred Languages of Children: The Reggio Emilia Approach-Advanced Reflections (2nd ed.)*를 보라.

방법 5: 전쟁놀이를 제한하되, 그 이슈들을 다룰 대안적 방법들을 제공하라

> 나는 유아들이 전쟁놀이를 하도록 허용해왔다. 심지어, 전쟁놀이의 질을 향상시키도록 돕는 몇 가지 좋은 생각들을 제공하였다. 싸우는 '척'하는 것에 대하여 훌륭한 대화를 나누기도 하였다. 하지만 폭력이 과도하게 일어나는 것을 아무리 막으려고 해도, 내가 등을 돌린 순간에 누군가가 다치거나 겁을 먹게 된다. 내가 아무리 노력한다 하더라도, 나는 안전을 유지할 수 있는 어떤 방법을 찾지 못하였다. 나는 유아들이 가장 하고 싶어 하는 것이 무엇인지 알지만, 그 놀이를 멈추게 해야만 한다.

방법 4에서 제시한 것처럼 전쟁놀이를 다루려는 성인들, 특히 교사들은 여전히 많은 문제들이 발생한다고 말한다. 몇몇 유아들은 전쟁놀이에 사로잡혀 온통 맘을 쏟으며 그들이 하는 대부분의 놀이에 폭력적인 내용들을 담고 있다. 오랜 시간동안 매체(특히 폭력적인 매체)를 보는 유아들은 특히 그렇다.

방법 5는 전쟁놀이를 제한하지만 유아들이 다른 방식으로 전쟁놀이와 관련된 이슈들을 다루도록 돕는다. 즉, 미술, 쌓기, 대화, 그리고 동화책을 사용하는 것과 같은 대안적인 활동들을 통해 유아들이 전쟁놀이 주제를 다루도록 도와주기 위한 방법들을 찾는 것이다. 이러한 대안적 활동들이 방법 4와 함께 활용될 경우, 보다 중요한 역할을 하게 된다.

방법 5는 많은 교사와 부모들에게 더 호소력을 가진다. 왜냐하면 교사와 부모들은 TV 프로그램, 비디오 게임, 영화, 장난감, 책, 그리고 다른 상품 등 여러 매체를 통해 폭력적인 주제들을 판매하는 것이 유아들에게는 극적인 효과가 있다는 것을 알기 때문이다. 우리가 지적한 것처럼, 매체를 통해 스며든 폭력은 유아들의 마음을 사로잡고 강박적이고 수정하기 어려운, 모방적이고 반복적인 놀이를 하게 한다. 마케팅의 영향은 어떤 유아들에게는 너무나 강력해서 유아들의 마음에서 폭력적인 주제를 없앨 수도 없고 욕구를 충족시키는 방식으로 놀이하게 할 수도 없는 것 같다. 이러한 경우 유아들의 흥미를 대안적인 방법으로 표현하도록 격려할 수 있다. 그림 그리기, 쓰기, 쌓기, 읽기, 그리고 말하기는 극놀이를 할 때보다 더 거리를 두고 상징을 사용하는 표현방법이며, 전체 유아들이 어떤 역할을 수행하도록 하는 방법이다. 예를 들면, 한 유아가 스파이더맨 집을 만들 때는 스파이더맨과 분리되어 있지만 스파이더맨 역할을 할 때는 스파이더맨이 '되는 것'이다. 그 유아는 스파이더맨과 분리된 채로 자신의 생각을 형상화하도록 하는 어려운 시간을 보내는 것이다.

우리가 격려해 주면, 유아들은 자신의 창의성과 생각들을 가지고 전쟁놀이와 관련된 주제들을 다루기 위한 대안적인 표현방법들을 활용할 수 있다. 우리는 매체에서 보았던 인물이나 사건을 유아들이 그대로 모방하지 않도록 하기 위해서 개방적인 자료를 사용하도록 하고 유아들의 사고를 통합하도록 격려할 수 있다. 이것은 유아들이 계속해서 자신의 생각을 구성하도록 도울 것이고, 유아들이 본 폭력에 대하여 자신의 의미를 형성해 나가는 것을 도울 것이다.

방법 5를 사용할 경우, 비록 모두가 안전을 유지하려고 노력한다고 하더라도, 유아들이 다치거나 혹은 전쟁놀이는 너무 무서운 것이기 때문에 전쟁놀이를 금지한다고 유아들에게 말할 수 있다. 동시에 유아들이 좋아하는 캐릭터와 주제에 대하여 그림을 그리고 이야기를 받아쓰는 특별한 시간에는 전쟁놀이를 할 수 있다고 제안할 수 있다. 또한 다른 장소에서 하는 전쟁놀이에 대하여 유아들과 함께 대화를 나누는 특별한 시간을 가질 수 있다. 그래서 유아들은 우리가 그들의 놀이에 대하여 기꺼이 말하고 싶어 하고 그 놀이에 흥미가 있다는 것을 안다.

우리는 이러한 접근이(성인들이 유아들에게 대안적인 활동들을 활용하도록 실질적으로 도울 때) 전쟁놀이 딜레마를 해결할 수 있는 중요한 준거를 충족시킬 수 있다고 생각한다. 그것은 유아들이 발달적 욕구(그들이 본 폭력과 같은)를 해결하는 방법을 제공한다. 또한 그것은 우리가 유아들이 이해하고자 하는 내용과 학습하는 것들을 유아들과 함께 하도록 해준다.

아래의 도표에는 전쟁놀이 딜레마를 다루는 다섯 가지 방법들이 제시되어 있다.

전쟁놀이 딜레마를 해결하는 다섯 가지 방법에 대한 요약 및 평가

전쟁놀이 딜레마를 해결하기 위한 방법	발달적 욕구를 충족시키는가?	사회정치적 학습을 다루고 있는가?
1. 모든 전쟁놀이를 금지하라	아니오	약간
2. 전쟁놀이를 방치하라	약간	아니오
3. 전쟁놀이를 허용하되 제한을 두어라	약간	아니오
4. 전쟁놀이를 적극 촉진하라	예	예
5. 전쟁놀이를 제한하되, 대안적 방법을 제공하라	예	예

부모들과 교사들: 함께(그리고 따로) 활동하기

많은 부모와 교사들은 처음에는 전쟁놀이를 금지하려고 하였지만, 교사

들보다는 부모들이 더 많이 몇 가지 형태로(방법 2나 3을 선택하며) 전쟁놀이를 결국에는 허용하였다고 말한다. 그 이유는 자녀들이 원했고 이러한 방법으로 놀이할 필요가 있다고 생각하였기 때문이라고 하였다. 우리가 명확한 결론을 내릴 만큼 충분한 사례가 없기 때문에 교사들의 선택과 부모들의 선택 간의 두드러진 차이가 무엇인지에 대해 살펴보는 것은 중요하다.

1) 부모와 교사의 역할 특징

부모와 교사들이 유아와 사회에 대하여 갖게 되는 서로 다른 역할들과 유아와의 상호작용에 대한 서로 다른 압박감은 우리가 발견한 차이점들을 설명해 줄 것이다. 부모들은 개별 유아에게 책임이 있고, 그들이 매우 잘 알고 있는 자녀의 특별한 욕구에 기초하여 반응할 수 있다. 부모들은 자녀의 특별한 흥미와 욕구를 관찰하고 확인함으로써 자신의 태도와 반응을 수정할 수 있다. 반면에, 교사들은 집단의 유아들에게 뿐만 아니라 사회에도 책임이 있다. 교사들은 보다 '보편적인' 집단의 욕구와 흥미에 기초하여 반응한다. 또한 교사들은 부모가 하는 것만큼 개별 유아의 반응과 욕구에 초점을 맞출 수 없다. 일반적으로 교사들은 개개인의 욕구를 집단의 맥락에서 다루고 개개인의 욕구를 위하여 집단의 욕구를 희생시키지는 않는다.

개별 유아의 흥미와 욕구에 반응함으로써 전쟁놀이를 다룰 때, 부모들은 전쟁놀이 논쟁의 발달적 측면을 더 강조하게 된다. 반면에, 교사들은 논쟁의 정치적 측면을 더 강조하면서 전체 집단과 사회에 대한 책임감을 제시하는 역할과 정책을 개발하는 것 같다.

부모와 교사들의 다양한 상황에도 불구하고, 우리는 여전히 부모와 교사들에게 방법 4가 전쟁놀이 딜레마를 해결하기 위한 가장 좋은 접근이라고 생각한다. 방법 4는 유아들이 가정에서와 기관에서 그들의 발달적 욕구와 사회정치적 욕구 둘 다를 충족시킬 기회를 최대화한다. 그리고 더 많은 부모와 교사들이 함께 활동하고 서로의 노력을 지원할수록 더 좋은 해결책이 마련되는 것 같다.

2) 그 외의 비평

부모와 교사들이 함께 활동할 때 나타날 수 있는 한 가지 장애는 유아들의 전쟁놀이가 안고 있는 문제점들에 대하여 서로 비난한다는 것이다. 교사들은 종종 부모들이 자녀가 폭력적인 영상물을 보거나 전쟁놀이 장난감을 가지도록 내버려둔다고 비난한다. 교사들은 부모가 자녀들을 보호하기 위하여 보다 적극적인 역할을 하였다면, 유아들이 집단 상황에서 전쟁놀이를 하려는 강력한 욕구가 전달되지 않았을 것이라고 생각한다. 전쟁놀이, 전쟁놀이 장난감, 그리고 폭력적인 매체에 대한 노출로부터 자녀를 과잉보호하는 부모들은 자녀들이 기관에서 그러한 내용에 노출되었다고 교사들을 비난한다.

일반적으로 우리는 이러한 비난이 잘못된 것이라고 생각한다. 유아기 문화를 포함하여, 사회에 퍼져있는 모든 폭력으로부터 유아들을 보호할 수 있는 사람은 아무도 없다. 비록 우리가 할 수 있는 것 중에서 어떤 것을 한다하더라도, 그리고 그것을 할 때조차도, 유아들은 놀이 속에서 그것을 이해하려고 할 것이다. 그래서 가장 좋은 해결책은 함께 활동하는 것이고 유아를 돕기 위한 서로의 노력을 지지하는 것이다.

6장에서, 전쟁놀이 딜레마를 해결하도록 도와줄 실제적인 방법으로 방법 4와 방법 5를 적용하는 것에 대해 더 자세히 살펴보자.

전쟁놀이 딜레마를 해결하기 위한 지침들

제 6 장

유아들의 전쟁놀이를 보다 더 효과적으로 다룰 수 있도록 도와주는 실제적인 전략들이 많이 있다. 실제적인 전략들은 단지 놀이 자체를 다루는 것을 넘어서, 유아들과 함께 활동하고 상호작용 하는 거의 모든 수준과 관련되어 있다. 대부분의 전략들은 우리가 이미 하고 있는 것을 보여줄 것이다. 어떤 전략들은 유아들과 함께 생각하고 행동하는 새로운 방법들로의 변화를 요구할 수도 있다.

지침 1

유아들이 폭력적인 미디어와 그것에 관련된 상품을 포함한 폭력에 노출되는 것을 가능한 제한하라

전쟁놀이 딜레마를 해결하려는 노력은 문제의 원인이 되는 가장 강력한 힘 중의 하나(유아들이 경험하는 미디어와 대중문화 폭력의 대량 노출)를 언급하면서 시작할 필요가 있다. 이러한 폭력으로부터 유아들을 더 많이

보호하면 할수록, 유아들이 전쟁놀이를 하고자 하거나, 우리가 그것을 막기 위해 싸워야 하는 것이 줄어들 것이다. 그리고 우리가 유아들을 완전하게 보호할 수는 없지만, 현재보다는 더 나아지게 할 수 있는 방법들은 많다. 우리가 더 나은 방법을 취할수록, 더 많은 사람들(유아들에게 폭력을 판매해서 돈을 버는 사람들을 제외하고)에게 도움이 될 것이다.

전 략

① 유아들의 생활 속에 있는 각종 미디어들에 대해 알기 위해 노력하라

당신이 쇼, 비디오, 영화, 컴퓨터 게임에 친숙해지면, 유아들이 보는 프로그램에 대해 함께 이야기하는 것뿐만 아니라 무엇을 보아도 되는지, 안 되는지에 대해 이야기할 수 있는 유리한 입장에 서게 될 것이다.

② 유아들에게 좋은 미디어를 선택하는 방법을 가르쳐라

이것은 점진적인 과정이다. 좋은 시청선택을 위해서는 사전계획이 중요하다. 유아가 어릴수록 성인이 무엇을 보여줄지를 더 통제해야 한다. 두, 세 개의 프로그램 중에서 하나를 선택하여 제공하고, 선택한 이유에 대해 이야기 하는 것은, 유아가 신중한 미디어 소비자가 되는 방법을 배우는데 도움을 줄 수 있다. 유치원이나 1학년이 되면, 아이들은 그들이 무엇을 시청할지 계획을 세우기 위해 시청일지를 관리할 수 있다.

③ 시청시간을 규칙적으로 정하라

미디어는 매우 매력적이고 종종 유아들은 점점 더 그것에 매료된다. 그래서 점차 많은 유아-주도적인 활동들이 줄어들게 된다는 것을 기억하라. 아이들이 하루 중에서 시청 시간(저녁식사 전 30분 동안)과 시청하지 않는 시간(잠자기 전 1시간 동안)을 정확하게 정해두면 보아도 되는 시간과, 안

되는 시간에 대해 끊임없이 말다툼이나 잔소리를 하지 않는데 도움이 된다. 아이들이 시청하지 않을 때 주변의 일상적인 관심 있는 일들을 하게 하는 것은(예를 들면, 저녁식사 전에 테이블 정리를 돕는 것은 유능감과 가족 구성원의 일부라는 소속감을 제공한다) 싸움을 피하도록 도울 수 있다.

④ 유아들이 폭력이 포함된 미디어에 노출되었을 때, 그들이 본 것을 해결하도록 도와주어라.

유아들이 본 것에 대해 자주 대화하고 주의 깊게 들어라. 이러한 대화들은 가정과 교육기관에서 일어날 수 있다. 다음 페이지의 표에 폭력적인 내용에 대한 유아들의 대화에서 사용하는 몇 가지 질문의 예들이 제시되어 있다.

⑤ 미디어 폭력으로부터 유아들을 보호하고 미디어 폭력의 부정적인 영향을 없애기 위해 다른 부모들이나 전문가와 함께 노력하라.

우리가 공통의 노력을 지원할 공동체를 더 많이 만들수록, 미디어 폭력의 공격으로부터 유아들을 더욱 더 잘 보호할 수 있게 된다. 유아들의 생활 속에서 미디어 폭력을 다루려는 부모들의 노력을 지지하기 위해 교육기관은 많은 것을 할 수 있다. 부모들이 미디어 폭력을 어떻게 다루고, 폭력이 미디어를 통해 어떻게 유아들에게 판매되는지, 그리고 왜 이것이 중요한지를 토론하기 위한 모임을 갖는 것은 그러한 공동체를 만드는데 도움이 될 수 있다. 그러한 노력들은 전문가들이 유아들의 생활 속에 있는 미디어에 대해 부모들과 이야기하고, 유아들이 미디어 폭력을 관리하고 해결하는 것을 배우도록 도와주는 분위기를 제공할 것이다. 또한 부모들이 보다 쉽게 함께 대화하고, 자녀에게 미치는 미디어 문화의 영향을 제한하려는 다른 사람들의 노력들을 지지하는 분위기를 만들 수 있다.

미디어 폭력에 대한 대화를 이끄는 질문들

- 유아들이 본 것에 대한 다른 사람의 반응(긍정, 부정 둘 다)을 검토하도록 도와주어라:
  넌 저 프로그램(게임)에 대해 어떻게 생각했니?
  _______가 일어났을 때 좋았니? 왜 그것이 일어났다고 생각하니?
  _______때 난 좋지 않았어. 난 그들이 다른 사람을 해치지 않았길 바래.
  넌 어떻게 생각하니?
- 유아들이 실제와 환상을 구분하도록 도와주어라:
  뭐가 실제고 뭐가 가짜지? 어떻게 말할 수 있니?
- "실제에서는 그런 방식으로 하지 않아", "어떻게 저 프로그램에서 _____가 일어나도록 했는지 궁금해"와 같은 말을 함으로써 유아들의 혼란을 명확하게 하도록 도와주어라.
- 유아들이 광고와 광고한 상품에 대한 이해를 발달시키도록 도와주어라:
  이 광고들과 프로그램 사이의 차이를 말해 볼 수 있을까?
  왜 그들이 저 장난감을 저렇게 멋지게 보이도록 만들었는지 난 의심이 되는 걸?
  넌 저것이 진짜일 수 있다고 생각하니?
- 유아들이 프로그램에서 본 것과 자신의 경험을 비교하라:
  _______와 같은 일이 일어났니? 언제? 어떻게 같니? 다르니?
  네가 저런 상황이었다면 어떻게 하겠니?
- 유아들이 영상에서 보는 폭력과 다른 비열한 행동들에 대해 이야기 나누어라
  그들의 문제를 해결하는 방식에 대해 어떻게 생각하니?
  만약 네게 저런 문제가 있다면 넌 어떤 행동이나 말을 하겠니?
  아무도 다치지 않고 저 문제를 해결하는 방법을 생각할 수 있니?
- 정형화된 이미지와 행동들에 초점이 맞춰진 질문들을 하라:
  왜 항상 근육질의 남자들이 싸움을 하는지 궁금하구나. 넌 그것에 대해 생각해 보았니?
  여자들은 항상 남자들에 의해 구출되어지는 것같이 보여. 넌 그것을 생각해 봤어? 왜일까?
  왜 '나쁜 아이들'은 외국 억양을 사용할까?, 어두운 색깔의 옷을 입을까?, 더 어두운 피부색을 가졌을까?

출처: *Remote Control Childhood: Combating the Hazard of Media Culture by* Diane, Levin(Washing, DC: NAEYC, 1998), p.139.

지침 2

아이들이 모든 종류의 창의적이고 의미있는 극놀이에 참여하도록 도와주어라

많은 시청시간, 대중 매체와 연계된 아주 구조화되고 전자화 된 장난감들, 놀이보다는 기본적인 기술들에 초점을 맞추라는 압력들은 유아들이 창의적이고 의미있는 극놀이에 참여하는 것에 큰 도전이 될 수 있다. 많은 유아들은 더 이상 일상생활 속에서 창의적이고 의미있는 극놀이에 필수적인 능력을 충분히 개발하지 않는다. 그러나 유아들이 의미있는 놀이에 더 많이 참여할수록, 전쟁놀이 논쟁의 발달적 측면에서 제시되었듯이, 유아들은 그들의 욕구에 맞는 전쟁놀이를 더 잘 하게 될 것이다.

유아의 놀이의 질은 여러분이 제공해 주는 모든 공간, 시간, 자료들에 의해 영향을 받는다. 자원들이 무엇이든 간에, 여러분은 조심스러운 중재

와 촉진을 통해서, 그리고 아이들의 놀이를 지원하고 가치롭게 하는 환경을 만듦으로써 유아들의 놀이를 지원할 수 있다.

전략들

① 유아들이 방해 받지 않고 놀이할 수 있는 시간과 장소를 제공해 주어라.

유아들이 놀이에 깊이 참여하는 방법을 배우지 못하는 한 가지 이유는 그들이 방해받는 것에 익숙해져 있다는 것이다. 만약 무엇인가가 방해해서, 매번 그들이 놀이를 그만한다면(예를 들어, 다른 아이들이 장난감을 빼앗고, TV가 켜져 있거나 혹은 '저녁식사나 간식시간을 위해' 새로운 장소로 유아들의 놀잇감들을 옮기도록 어른들이 요구하는 등), 그들은 놀이에 참여하고 열중할 필요가 없다는 것을 빨리 배우게 된다.

- 유아들의 일과 중에 규칙적인 놀이시간을 만들어서 방해받지 않고 놀이하는데 익숙해지도록 도와주어라.
- 유아들은 방해받지 않고 놀 수 있는 그들의 특별한 장소가 필요하다. 항상 그런 특별한 장소가 필요한 것은 아니지만 놀이시간 동안은 필요하다. 매일 점심시간 후에 테이블 위에 종이를 한 장 깔거나 혹은 큰 마분지 통을 사용하여 특별한 울타리를 만들고, 그리고 우주선이나 해적선의 동굴, 혹은 캠핑 텐트를 만들어서 유아들이 그 아래서 놀도록 해줄 수 있다. 만약 유아들이 불편한 장소에서 놀이를 시작하는 것을 보게 되면, 놀이가 더 진행되기 전에 다른 장소를 제시해 주어라.
- 놀이를 마치기 몇 분전에 놀이시간이 곧 끝난다는 것을 알려주고, 다

음 놀이시간까지 그 놀이를 어떻게 할지 방법을 찾도록 하는 것이 중요하다. 이것은 시간이 지남에 따라 유아들이 그들의 놀이를 오랫동안 유지하고 깊어지게 하며, 자신들의 그들의 놀이를 가치롭게 여긴다는 것을 알도록 도와줄 수 있다.

② 유아들이 쉽게 접근하고 찾을 수 있는 놀이 재료들과 친숙해지도록 도와주어라.

- 유아들의 놀이가 발전하도록 돕기 위한 효과적인 방법은 그들이 친숙하고 쉽게 찾을 수 있는 흥미 있는 재료들을 공급하는 것이다. 유아들은 바라는 물품을 찾는 동안 놀이로부터 멀어지기가 쉽다.
- 유아들은 놀이자료를 조직하고 보관하는 것에 참여할 수 있다. 유아들이 자료들을 둘 장소를 결정하게 도와주어라. 어린 유아들은 명확한 범주(예를 들어, 동물놀이, 공간 놀이, 극놀이 카테고리) 안에 물건들을 조직화하기는 어려울 것이다. 유아들이 놀이자료를 조직화하는 방법을 주도적으로 찾도록 하고, 청소시간을 활용해서 물건을 어디에 보관할지를 배우고 검토하도록 도와주어라. 그러면 유아들은 놀이에 방해를 적게 받으면서 자료들을 찾을 수 있게 될 것이다.
- 유아들이 놀이자료를 찾고 정리하는 것을 돕기 위해서, 유아들이 '이해' 할 수 있는 그림을 장난감 보관 상자에 붙여라.

③ 놀이를 촉진하기 위한 기회들을 찾아라.

놀이는 유아들의 것이다. 그들은 지시자, 각본가, 배우, 지원자가 될 수 있다. 어른들이 실제로 너무 많이 개입할 수는 없다. 그러나 유아들이 필요로 하는 도움의 양은 다양하다. 오늘날 많은 유아들은 유능한 창의적인 놀이자들이 되지 못하고 주로 모방적인 놀이에 참여하고 있다. 비록 놀이를 그만두게 하거나 놀이에 대해 판단하지 않고 주는 도움으로부터 이익을 얻을 수 있지만, 모방적인 놀이에 참여하고 있는 유아들에게는 놀이를 발달시키고 정교화하도록 많이 도와 줄 필요할 것이다. 놀이를 하는 동안과 놀이를 하고 난 후에 적용할 수 있는 많은 방법들이 있다.

- 한 가지 기술은 놀이에서 일어난 것을 본 것에 대해 우연적인 언급을 하는 것이다. 코멘트는 간략해야 하고 다음과 같이 흐름을 방해하지 않아야 한다. “네가 우유병을 주자 아기가 울음을 그치는구나.” 혹은 “수건으로 완벽하게 망토를 만들었구나.” 이와 같은 언급들은 당신이 놀이에서 무엇이 일어났는지를 평가한 것을 유아들에게 보여준다. 때로는 더 많은 대화를 끌어낼 수도 있고 놀이를 정교화 할 수도 있다.
- 또 다른 강력한 기술은 가능한 많은 답이 있는 개방적인 질문을 하는 것이다. 그러한 질문들은 지시하지 않으면서 정보를 제공하고 유아들이 스스로 생각할 수 없는 새로운 생각들을 하도록 이끌 수 있다. 예를 들어, “아기가 먹을 다른 것은 뭐지?” 혹은 “종이 타월 속대로 무엇을 할 거니?”와 같이 물어볼 수 있다. 완벽한 질문이란 없고, 이번에는 잘 된 것이 다음번에는 좋은 질문이 아닐 수도 있다.
- 적절한 순간에 흥미 있는 놀이 자료를 제공하는 것 또한 유아들을 새로운 방향으로 이끌 수 있다. 한 가지 ‘좋은’ 아이템은 드물다. 유아들이 이미 하고 있는 것에 연결하고 통합할 수 있는 것이 가장 좋다. 때로는 종이 타월 속대나 가드상자, 번쩍이는 스카프와 같은 단순한 아이템이 최선이다.

당신은 또한 유아들이 그들의 놀이에 새로운 내용을 가져오도록 도울 수도 있다. 의미 있거나 흥분되는 방법으로 그들이 직접 경험했었던 일이 최선의 내용이 될 때가 있다. 생일파티를 하고, 친척을 방문하고, 강아지를 사고, 병원에 가거나, 저녁식사를 위한 식탁 정리를 도우는 것을 배우기는 것과 같은 모든 것들이 우리가 유아들을 도와줄 수 있는 풍부한 내용을 제공한다. 부상이나, 병원입원, 이웃의 화재, 슈퍼마켓에서의 미아가 된 경험, 혹은 좋아하는 물건이 파손되는 것과 같은 외상적인 경험들 또한 잠재적으로는 풍부한 놀이 주제들이다.

많은 변화 없이 오랜 시간 동안 유아들이 특정 주제의 놀이를 할 때, 그 놀이를 '멈추도록' 도울 수 있다. 많은 유아들이 반복해서 놀기를 좋아하는 주제와 역할들이 있다. 그렇게 할 때, 놀이는 대개 그들이 활동한 것을 완수하고, 새로운 방식이 낡은 주제의 놀이를 대체하고, 놀이에 새로운 경험을 가져옴으로써 발전되고 변화한다. 그러나 놀이가 이렇게 이루어지지 않을 때, 새로운 인물이나 새로운 행동과 같은 새로운 내용을 적극적으로 소개하는 것은, 유아들이 놀이에서 활동할 새로운 문제점들과 이슈들을 찾도록 도와줄 수 있다.

지침 3

유아들이 전쟁놀이에 참여할 때, 그들이 다루는 이슈와 놀이의 특징에 대해 가능한 많이 배워라

전쟁과 무기놀이에 둘러싸인 유아들과 함께 할 수 있는 첫 번째 단계는 개별 유아들이 그들의 요구, 발달적 이슈들, 정치적인 개념들과 관심들에 대해서 무엇을 표현하는지에 대해 가능한 많이 아는 것이다. 이것은

유아들이 어떻게 놀이할지, 그리고 놀이로부터 배운 것의 영향을 결정하는 데 필수적인 지침으로써 제공될 것이기 때문에 중요하다.

전략들

① 아래와 같은 이슈들에 대해서 더 많이 알기 위해 유아들을 관찰하라.

- 유아들에게 가장 중요하고 의미있는 주제와 인물들
- 인물들을 위한 생각과 놀이의 '대본, 각본'에 필요한 장소를 어디서(직접적인 경험, 텔레비전 프로그램이나 영화, 책, 혹은 상상으로부터) 얻는가?
- 좋아하는 장난감과 놀이 자료들의 특징, 구조화 정도(예, 아주 구조화되거나 혹은 유아 자신이 발명한; 미디어와 연계된, 싸움이나 폭력에 초점이 맞춰진), 그리고 유아들이 그것을 사용하는 방법.
- 유아들이 반복적으로 특정 대본을 모방하고 반복하는 정도, 혹은 시간에 따라 통제하고 전개하는 창의적인 놀이에 참여하는 정도.
- 다른 활동들이나 관심과 관련된 것뿐만 아니라, 다른 형태의 극놀이와 관련된 전쟁놀이에 참여해서 보내는 총 시간.
- 전쟁놀이의 내용이 다른 이슈들을 제외하고 폭력에만 초점을 맞춘 정도와 놀이 이외의 유아의 행동에까지 연장된 전쟁놀이 내용의 정도.
- 유아들이 그들의 놀이에서 다루는 발달적인 이슈들(예, 통제와 힘, 격리와 자율, 환상과 실제, 성 정체성 등).
- 친구와 적, 갈등 해결, 죽음과 살인 등의 특징과 같은 유아들이 놀이에서 사용하는 정치적인 생각들.

- 개별 유아나 집단의 정서적, 신체적 안전을 유지하기 위해서 성인의 안내나 지지가 필요할 것 같은 놀이영역.

② 놀이에 대해 유아들과 대화하라.

이 방법은 놀이가 그들에게 무엇을 의미하는지, 그들이 가장 혼란스럽고 어려워하는 측면이 무엇인지, 그리고 유아들이 환상과 실제를 어떻게 구분할 수 있는지에 대해 당신이 더 알 수 있는 방법이다.

지침 4

유아들의 전쟁놀이에서, 전쟁놀이 딜레마의 발달적, 사회정치적인 측면 둘 다에 의해서 제기되는 문제들을 언급하라

여기의 많은 제안들은 유아들이 훌륭한 극놀이자가 되도록 도와주는 것에 대한 지침 2의 제안들과 병행된다. 그러나 우리들에게는 다른 형태의 놀이들보다는 전쟁놀이에 영향을 미치는 것에서 더 적극적인 역할을 하는 것이 중요하다. 왜냐하면 이것은 많은 전쟁놀이의 내용이 아주 모방적이고 폭력에만 집중적으로 초점이 맞춰져 있고, 과정 또한 반복적이고 미디어에서 제시한 대로이며 유아들에 의한 것이 아니기 때문이다. 그러나 촉진하는 것과 강요하는 것 사이에는 명확한 선이 있다는 것을 기억하라. 우리는 계속적으로 유아들과 그들의 놀이에 대한 우리의 중재를 평가해야한다. 지침 2에서 검토했듯이, 유아들로부터 놀이의 통제권을 빼앗지 않고 놀이를 촉진하기 위한 노력이 필요하다.

전략들

① 유아들의 전쟁놀이에 영향을 주는 대중문화의 '장면'을 알고 있어라.

어려울 수도 있지만, 빨리 변화하고 인기 있는 가장 대중적인 폭력 텔레비전 프로그램, 영화, 어느 순간에 아동기 문화에 침투한 장난감들에 지속적인 관심을 갖는 것이 매우 유용할 것이다. 지속적인 관심을 갖지 않고는, 유아들의 놀이에서 무엇이 일어나고 있는지, 그리고 그것에 영향을 미치는 요인은 무엇인지, 그것에 어떻게 영향을 덜 받도록 하는지를 이해하기란 어려울 것이다. 성인이 현재의 대중 유행이나 아이템에의 노출로부터 아이들을 보호하려고 노력할 때라도, 대부분의 아이들은 교육기관, 놀이터, 혹은 가게에 있는 상품들의 이미지를 봄으로써 그것에 대해 배우게 될 것이다.

② 유아들이 놀이에서 보이고 있는 발달적 이슈들에 기초하여 중재하라.

예를 들어, 한 유아가 실제와 놀이의 환상을 혼동하는 경향이 있다면, 경계를 명확하게 할 필요가 있다. 교사는 "영훈아, 기억해, 민수는 단지 나쁜 아이인 척 하는 것일 뿐이야, 그가 진짜로 나쁘진 않아"라고 말할 것이다.

③ 유아들이 놀이를 함으로써 나타내는 인지적인 이해에 기초하여 중재를 하라.

예를 들어, 만약 유아가 그들의 행동과 그것의 결과를 명확하게 연결하지 못한다면, 당신은 그들 행동의 결과를 지적할 수 있다. "네가 만약 저 역에서 뛰어내린다면, 다치게 될 거야. 네가 어제 그렇게 했을 때 어떤 일이 일어났는지를 기억해."

④ 덜 군국주의적이며, 더 인본주의적인 방향으로 놀이에서의 개념들이 드러나도록 조기에 정치적인 생각들을 강화하라.

예를 들어, 한 집단의 유아들이 그들을 공격하면서 항상 "나쁜 사람"으로 그려진다면, 교사는 "너와 싸우지 않을 때 저 나쁜 녀석은 어디에 갈까?"라고 말하는 것과 같이, 적에 대한 유아들의 개념을 확장시켜줄 필요가 있다.

⑤ 폭력과 싸움에만 좁게 초점이 맞춰진 것으로부터 놀이를 확장하도록 돕는 새로운 내용을 전쟁놀이 속에 가져와라.

당신은 현재의 내용을 탈피하는 유아들에게 그들의 놀이를 다양화 하고 정교화 하는데 도움을 주는 새로운 자료, 역할, 물리적 환경을 소개할 수 있다. 이것은 특히 똑같은 방법으로 반복해서 '착한 사람'/'나쁜 사람'을 따르는 텔레비전 대본이나, 같은 폭력의 주제를 연기하는 유아들에게 특히 중요하다.

예를 들어, 만약 유아들이 계속해서 똑 같은 방법으로 하나의 놀이 시나리오를 반복하고 있으면, 당신은 "오늘은 이 기구통이 [오랫동안 스타워즈 우주선으로 사용되었던] 대서양에 있는 배가 될 거야."와 같이 이야기해서 그 장면의 특징을 바꾸려 할 수 있다. 당신은 또한 새로운 환경에서 그들의 우주선 놀이를 적용해 보도록 격려하기 위해, 공원과 같은 새로운 장면을 찾을 수도 있다. 부록 3에 제시되어 있는 책 또한 새로운 내용을 제공하는 데 도움이 될 것이다.

⑥ 유아들이 질적으로 우수한 놀이를 하는 훌륭한 창의적인 놀이자가 되도록 도와주어라.

다른 아이들의 전쟁놀이를 모방하는 힘과 직접적인 흥분 속에 빠져들기란 쉬운 일이고, 가장 유능한 놀이자들도 때로는 놀이를 창의적으로 유지하는데 당신의 도움을 필요로 할 것이다. 덧붙여, 당신이 도와준다면, 이런 유아들의 생각과 행동들은 모방적인 놀이자들보다 창의적인 놀이를 더 자극하도록 도와줄 수 있다.

예를 들어, 만약 한 집단의 아이들이 그들을 쫓아오는 '헐크'를 연기하고 있다면, 교사는 마법적인 힘을 지닌 괴물을 만들어 낸 한 유아에게 다음과 같이 질문할 수 있다. "네 괴물에게는 '헐크'로부터 '착한 아이들'을 보호할 수 있는 특별한 힘이 있는 거니?"

⑦ 유아들이 하고 있는 것과 관계된 놀이를 함께 하기 위해 언급해 주어라.

당신은 "나쁜 아이를 또 보네. 그들이 어디로 가는지 궁금해"라고 말할 수도 있고, 혹은 "넌 오늘 우주로 여행하는 새로운 방법을 찾았어"라고 말할 것이다. 만약 유아들이 방해받거나 새로운 방향으로 변경하기를 바라지 않는다면, 그런 말들을 강요하는 것은 필요하지 않다. 동시에, 그들은 종종 그녀가 하고 있는 것에 대해 유아로부터 논평을 이끌어낸다. 교사는 유아들의 놀이 속에서 더욱 더 통찰력을 얻고, 놀이를 정교화 하도록 도울 수 있는 가능한 방법들에 대한 생각을 하게 되고, 유아는 자신이 무엇을 하는지에 대해 이야기를 나누는 것만으로도 그 자신의 놀이를 정교하게 하는 계획을 발달시킬 것이다.

⑧ 유아들에게 의미있는 방법으로 주제에 대해 대화하고, 성인이 놀이에 대한 가치판단을 내리는 것을 피하도록 하라.

이것은 놀이를 촉진하는 것만큼이나 대화를 유지하도록 도와 줄 것이다. 예를 들어, 만약 한 아이가 나쁜 아이를 죽이기 위한 마법의 약을 만든다면, "넌 죽이면 안돼", 혹은 "죽이길 바라지 않아"라고 말하는 대신에, "와, 저 재료는 진짜 강력해 보이는 걸! 약 속에 무엇을 넣었지?, 나쁜 녀석을 죽이는 것 외에는 무엇을 할 수 있지?"와 같이 말한다.

⑨ 유아들이 폭력에만 집중하고 있는 것을 넘어서, 새로운 문제들을 해결하도록 도와주는 놀이 속에서, 폭력적인 내용과 관련된 개방형 질문과 코멘트를 사용하라.

다음은 그런 개방적인 질문들의 예들이다: "그를 죽이지 않고 나쁜 사람을 잡을 수 있는 방법이 있는지 궁금하구나", "나쁜 사람이 그를 덫에 걸리게 하려고 무엇을 할 수 있을까?", "넌 나쁜 사람을 잡기 위해 무엇을 할 수 있니?". 이러한 질문들은 어느 순간에 일어날 수 있는 일들에서 벗어나게 하고, 유아들이 개인적인 의미를 담은 다양한 반응을 할 수 있도록 한다. 또한 이러한 질문들은 유아들의 놀이에서 새로운 가능성을 열어준다.

지침 5

전쟁놀이에서 유아들이 폭력과 고정관념에 대해 배우는 것을 없애기 위해 노력하라

때때로, 유아들이 전쟁놀이를 할 때, 방해받지 않기를 원하고 심지어는 중재를 하기 위한 우리의 노력을 방해하기도 한다. 가끔은 유아들이 놀이하지 않을 때 전쟁놀이 이슈를 다루는 것이 더 큰 효과를 얻을 수도 있다. 그러나 목표는 놀이의 안-밖 어디에서나, 유아들이 좁게 초점을 맞춘 생각들을 확장하도록 돕고 이후에 유아들의 놀이와 사고의 질을 풍부하게 하도록 도움이 되는 정보를 제공하는 것이다.

전략들

① 유아들에게 놀이에서의 폭력에 대해 이야기할 기회를 주어라.

이것은 가상의 폭력(오락)과 실제의 폭력(뉴스) 둘 다에서 마찬가지이다. 어른들은 종종 유아들과 그러한 폭력에 대해 이야기하기가 어렵다는 것을 안다. 특히 유아들이 학급에서 진짜로 생각하고 아는 것이 무엇인지를 말하는 것이 괜찮다고 느끼게 하는 허용적인 방법으로 이야기 하기는 어렵다. 그리고 유아들은 어른들이 자신들과 이런 주제로 이야기하고 싶어하지 않는다는 사실을 안다. 우리는 유아들에게 그들이 좋아하는 인물과 무기, 무엇을 하는지 등에 대해 더 많이 이야기해 달라고 요청할 수 있다. 우리는 전쟁놀이와 폭력에 대한 대화를 위해 열려있는 여러 가지 창의적인 방법들을 찾을 수 있다.

② 전쟁놀이의 폭력적인 내용에 대한 유아들의 생각을 확장하고 풍부하게 하려고 노력하라.

2장에서처럼, 유아들은 단지 받아들이기만 하는 것이 아니라 폭력을 어떻게 다룰지에 대해 우리가 이야기한 것을 배운다. 그들의 생각은 시간이 지나면서 점차 발달한다. 유아들의 생각을 발달시키도록 돕는 한 가지 방법은 그들의 생각을 풍부하게 하도록 시도하는 것이다. 그것은, 단지 그들이 이미 알고 있는 것 위에 약간 더 추가하는 것이거나, 혹은 그들이 이미 알고 있는 무엇인가를 질문에 포함시키는 것이다.

- 유아들은 가상이 무엇이고 실제가 무엇인지를 구별하는데 도움이 필요하다. 다음과 같이 말해 보아라. "저런 일이 실제로 일어나지 않아서 다행이야", 혹은 "텔레비전에서는 나쁜 사람이 창문을 뛰어넘는

것을 너도 할 수 있을 것처럼 보이지만, 실제로 사람들은 그렇게 할 수가 없어! 그렇게 하면 진~~짜로 다치게 돼!"

- 인간적인 측면에서 나쁜 사람을 다루어 볼 수 있다. 예를 들어 다음과 같이 말할 수 있다. "저런, 나쁜 사람이 다쳤구나. 우리가 의사를 찾아줄까?" 혹은 "나쁜 사람이 왜 저렇게 많이 싸우는지 궁금하네. 그 사람은 싸움이 끝나고 밤이 되면 무슨 일을 한다고 생각하니?".
- 유아들이 공격과 폭력의 실제적인 영향을 이해하도록 도울 수 있다 (예, "너와 민기가 단지 가짜로 때리는 것을 보니까 다행이구나, 왜냐하면 진짜로 다른 사람을 때리면 둘 다 다치게 될 수 도 있거든"). 그런 말들은 유아들이 나쁘거나 잘못했다고 느끼지 않으면서, 그들이 이해할 수 있는 구체적이고 즉각적인 수준에서, 놀이를 할 때 놀이 속에 있는 폭력에 대한 정보를 어른들이 어린 유아들에게 보여줄 수 있는 방법을 설명한다.

③ 유아들이 전쟁놀이 내용을 다른 활동에 가져오도록 도와주어라.

우리는 유아들이 블록영역, 물, 모래영역, 쓰기와 미술영역에서 놀이를 할 때 전쟁놀이 내용을 표상하는 새로운 방식과 새로운 흥미들이 그들을 자극한다는 것을 발견하고 개발하도록 도와 줄 수 있다. 가정에서는 욕조에서 플라스틱 전쟁놀이 장난감들을 사용할 수 있을 것이다.

이런 노력들은 폭력에만 맞춰진 초점을 다른 관심들로 돌릴 수 있고, 유아들의 욕구를 전쟁놀이 자체로부터 다른 것으로 옮기는 방법을 가르쳐 줄 수 있다. 또한 유아들이 전쟁놀이에 사용할 수 있는 행동과 생각의 목록들을 확장시키고 풍부하게 하며, 새로운 기술과 관심들을 개발하도록 도울 것이다.

예를 들어, 유아들이 교실에서 막대기를 이용하여 무전기 놀이를 한다면, 교사는 작업대 위에 관련 자료들을 놓아 두고, 유아들이 자신의 무전기를 만들도록 도와줄 수 있다. 유아들이 놀이할 때, 교사는 무전기의 특징이 무엇인지, 어떤 재료가 필요하고 그것을 어떻게 사용해야 하는지, 그리고 이 새로운 도구가 놀이에 어떻게 제시될 수 있는지에 대해 생각하도록 도울 수 있을 것이다. 또한 무전기의 개념과 놀이에서의 사용법을 확장하도록 돕는 것 외에도 목공예와, 재료를 능숙하게 다루는 능력, 그리고 무전기를 주제로 한 교육과정 단위에 대한 새로운 관심을 이끌어 낼 수 있다.

④ 전쟁놀이에 의해 충족되는 것과 같은 유아의 발달적 욕구를 만족시켜주는, 새로운 교육과정 활동들과 주제들을 개발하라.

우리는 텔레비전과 장난감들을 통해 제공되는 것들에 대한 강력한 대안적인 이미지들을 유아들에게 제공할 수 있다. 그것은 극복, 힘, 통제와 같은 문제들을 여전히 언급하고, 어린 유아들이 세상을 보는 관점에도 적합하다. 유아들을 위한 전통적인 이야기와 책들이 풍부하고, 이것들을 교육과정에 통합할 수 있는 많은 가능성들이 있다. 유아들이 이런 것을 놀이 속에 의미 있게 활용하기 위해, 책과 같은 비 전자화 된 매체 자원으로부터 생긴 덜 구체적이고 두드러진 이미지들을 정교화 하도록 도울 수 있다.

한 유치원 교사는 자신의 학급에서 반복적이고 공격적인 스타워즈 놀이가 지배적이었을 때 어떻게 했는지를 들려주었다. 그녀는 대집단 시간에 오즈의 마법사 동화를 읽기 시작했다. 교실의 극놀이 영역은 동화와 관련된 자료들로 채워졌다. 동화에 대한 학급 토의 시간에는 유아들이 스타워즈 놀이에서 경험했을 거라고 생각한 것들과 관련된 문제들을 특히 강조했다(예: 권력, 통제, 자치). 그녀는 스타워즈 놀이가 점차 줄어드는 것과 동시에, 유아들이 오즈의 마법사 이야기에 필요한 자료를 만들고, 그리고 놀이하는 데 얼마나 몰두하게 되었는지를 이야기했다(부록 2, "교육과정 웹의 두 가지 예").

책과 이야기를 사용하는 것에 추가하여, 교사들은 무서운 물건과 괴물, 공룡, 외계 생명체와 같은 주제에 대한 교육과정 단원을 개발할 수 있다(부록 2 참고). 또한 그런 주제들은 유아들이 전쟁놀이에서 표현하는 것과 똑 같은 발달적 욕구와 흥미에 도움이 된다.

⑤ 전쟁놀이에서 일어나는 논쟁을 갈등에 대한 해결책을 이해하도록 하는 기회로써 활용하라.

전쟁놀이에서 자주 일어나는 의견 불일치와 갈등은 폭력을 포함하지 않고 갈등을 다루는 방법에 대해 유아들을 가르치는 기회가 될 수 있다. 이러한 노력을 통해 유아들이 배우는 것은 전쟁놀이에 빠져드는 것을 줄이는 것이다. 또한 유아들이 갈등이 일어날 때마다 놀이를 끝내버리는 대신에 놀이를 유지하는 방법을 배우도록 도와줄 수 있다.

전쟁놀이에서 일어나는 갈등은 유아들의 직접적인 경험으로부터 오는 것이기 때문에, 그 갈등은 반성과 학습을 위해서 실제적이고 연령에 적합한 자원이 된다. 갈등을 통한 활동은 유아들이 자신의 행동의 결과를 예견하고 이해하며, 자신의 입장보다는 다른 사람의 입장을 알고, 문제를 해결하는 데 한 가지 해결책보다는 다양한 해결책을 고려하는 것에 대해 배우도록 도와줄 수 있다. 이런 모든 기술들은 갈등을 해결하는데 폭력을 덜 사용하도록 하는 것이다.

교실에서, 교사들은 놀이에서 일어난 실제적인 갈등을 학급에서 토의하도록 제안할 수도 있다. 이것은 진행 중인 문제이거나 몇 명의 유아들이 비슷한 문제를 가졌다면 특히 유용하다. 7장은 교실에서 파워 레인저 놀이로 인해 발생한 문제를 해결하기 위해 학급회의를 하는 교사의 사례를 보여준다.

지침 6

놀이에서의 안전유지를 최우선으로 하라

유아들은 그들이 잘 통제되고 안전하다고 느끼는 장소에서 가장 잘 배우고 자란다.[35] 유아들이 안전하다고 믿지 않을 때, 그들의 많은 에너지는 자신을 보호하는데 쓰일 것이고 심지어는 강하고 힘 있어 보이도록 하는데 사용된다. 이것은 전쟁놀이에서 싸움을 통해 갈등을 해결하는 것과 같은 것이다.

어떤 유아들에게는 안전, 전쟁, 무기, 영웅놀이를 하는 환경조차도 종종 두렵고 예측하기 어려운 곳이 될 수 있다. 특별히 안전하다고 느끼지 못하거나, 충동적으로 놀이하는 유아들은 끊임없이 통제력을 상실할 위험이 있다. 전쟁놀이에 덜 참여하거나 규칙을 잘 지키는 유아들에게는, 다른 유아들이 하는 실제로 "공격하기"나 "총 쏘기"와 같은 행동이 위협이 될

35) 통제와 지배감 만큼이나 아이들이 신뢰감과 안전감을 발달시키도록 도와주는 것의 중요성은 오랫동안 유아발달이론들에서 강조되어왔다. 최근 몇 년 동안에, 아이들에 대한 폭력의 영향을 줄이는데 안전하고 통제적인 놀이 경험이 필수적인 역할을 한다는 것을 지적하는 연구들이 증가하였다. 예를 들면, Garbarino의 *Lost Boys: Why Our Sons Turn Violent and How We Can Save Them*(New York: Free Press, 1999)와 Gilligan의 *Violent: Reflections on a National Epidemic*(New York: Grosset, 1997).

수 있다. 두 집단의 유아들은 자신이나 다른 사람이 통제력을 잃은 상황에서 우리가 그들을 안전하게 보호하고 지켜준다고 믿어야 한다. 그래서 우리는 전쟁놀이가 일어날 수 있는 안전한 상황을 만들기 위해 지속적으로 유아들과 함께 할 수 있는 방법을 계속 생각해야 할 필요가 있다.

전략들

① 학교와 가정에서, 모든 유아들이 "난 여기서 안전해-내 몸은 안전해, 내 마음도 안전해, 나의 생각, 사고, 말도 안전해-, 그리고 내가 만들고, 하고 있는 것(전쟁놀이를 포함해서)도 안전해."라는 강한 느낌을 경험하도록 도와주어라.

이것이 '안전 규칙'[36]이다. 안전규칙은 우리가 유아들과 활동하는 모든 것, 유아들이 다른 사람과 활동하는 모든 것에 적용되고, 유아들과 함께 활동하는 모든 상황에 기초가 될 수 있다. 예를 들어, 유아들이 전쟁놀이를 하는 동안 갈등을 겪게 될 때, 우리는 그들에게 화를 내거나 나무라기보다는, 다음과 같이 말함으로써 '안전 규칙'을 활용할 수 있다. "칼로 사용하기 위해 Tinkertoys[37]를 가지고 있는 모든 사람들이 안전하게 느끼지는 않아. 우리는 네가 큰 Tinkertoys를 가짜 칼인 것처럼 사용하는 것에는 동의하지만, 상욱이가 맞았어. 그것을 모든 사람들에게 안전하게 사용하는 방법을 찾도록 해야 해. 우리가 무엇을 할 수 있을까?

② 학교나 가정에서 전쟁놀이를 할 때, 놀이 안전을 지키도록 도와줄 수 있는 기본적인 규칙들을 정하라.

유아들이 이러한 규칙들을 경험하고 새로운 규칙들에 대한 요구가 생

36) "안전 규칙(Safety Rule)"은 D. Levin이 쓴 *Teaching Young Children in Violent Times: Building a Peaceable Classroom*(NAEYC 발간)에서 어떻게 실제로 그것을 사용하는지에 대해 상세하게 토론하고 처음으로 신조어를 만들었다.

37) Tinkertoys: 미국제 조립식 장난감의 상품명(역자 주)

길 때, 그들은 그 규칙에 포함될 수 있는 의미에 대해 더 구체적으로 이해하면서 규칙을 토의하고 수정할 수 있게 될 것이다.

③ 안전상의 이유로 중재가 필요할 때는 놀이를 중지시키지 않는 방법으로 개입하라.

유아들이 놀이를 계속할 수 있도록 안전한 대안을 제시하여 문제를 해결하도록 도와주어라. 예를 들어, 두 유아가 모두 '환상적인 망토'를 갖기를 바라기 때문에 놀이가 악화될 때, 교사는 "너희들은 나누어 사용해야 돼, 아니면 놀 수가 없어"라고 말하기보다는 "너희들이 그것을 나누어 사용할 수 있는 방법이 있어! 선생님에게 모래시계가 있는데 너희들이 망토를 돌아가며 사용하기 위해 모래시계를 어떻게 사용하는지 보여줄께."라고 말할 수 있다.

④ 규칙이 필요할 때, 성인의 입장에서 가치판단하지 말고 '안전 규칙'을 사용하도록 노력하라.

예를 들어, 한 유아가 다른 유아를 때릴 때, "때리는 것은 나쁜 거야. 지금 당장 그만 둬"라고 말하기보다는 "형석이가 단지 나쁜 사람인 척 놀이하고 있는 것인데도 네가 형석이를 때린다면 형석이가 다치게 되고 그것은 안전하지 않아. 네가 그렇게 하도록 놔둘 수는 없어"라고 말할 것이다. 어른들의 이러한 반응은 유아들이 죄의식을 갖거나 자신을 나쁘다고 여기고 다음번에도 이런 문제를 겪도록 하기 보다는, 다른 사람에 대해 자신의 행동이 갖는 논리적 인과관계를 알도록 도와준다.

⑤ 유아들의 안전감을 강화하는 방법이 놀이를 중단시키는 방법뿐일 때는 그렇게 해야 한다.

이것은 전쟁놀이를 해결하기 위한 방법 5에서 강조하고 있는 문제들을 우리에게 제기한다. 만약 필요하다면, 우리는 또다시 다음과 같이 말함으로써 '안전 규칙'에 의존할 수 있다. "모든 사람들이 안전한 장소에서 파워 레인저 놀이를 하는 방법을 찾는 것은 정말 어려웠어. 그렇지만 파워 레인저 놀이를 하는 것은 안 돼. 너희들을 안전하게 하는 것이 내 일이기 때문에, 우리는 더 이상 파워 레인저 놀이를 하지 않는다는 규칙을 만들어야 해. 하지만 네가 원한다면 파워 레인저에 대해 글로 적어 보거나 그림 그리는 것은 계속 할 수 있어."

지침 7

매우 구조화된 폭력적인 장난감 사용을 제한하고, 개방적인 장난감과 놀이 자료들을 사용하도록 장려하라

아주 구조화되고 미디어와 연계된 전쟁놀이 장난감들로 이루어지는 전쟁놀이는 일반적으로 개방적인 장난감과 놀이자료들로 이루어지는 전쟁놀이와는 큰 차이가 있다. 매우 구조화되고 하나의 목적으로만 사용되는 장난감들은 사용방법이 너무 제한적이기 때문에(예, 단추를 누르면 창을 던지거나 품위 없는 말을 하는 것), 유아들이 무엇을 하며 놀지, 어떻게 놀지(예, 쏘고, 죽이고, 협박하기)를 장난감이 결정하게 된다. 이러한 장난감들이 매체와 결합되는 한, 장난감들이 줄거리와 역할을 결정하고 유아들이 모방하려는 이미지를 제공한다. 다른 한편, 찰흙, 블록, 레고, 종이타월 속대와 같은 개방적인 자료들로 된 전쟁 장난감들은 더욱 창의적인 놀이를 촉진한다. 왜냐하면 개방적인 놀잇감은 유아들이 매우 다양한 방법을 사용하게 하고, 놀이가 진행될 때 그들이 사용했던 방법을 변화시키도록 하기 때문이다.

유아들은 종종 단일 목적으로 사용되는 전투 장난감이 제공되었을 때 흥분하게 된다. 그래서 단지 "안 돼"라고 말하는 것만으로는 대부분의 아이들의 생활로부터 이러한 장난감들을 제거할 수 없는 것 같다. 그들이 아무리 열심히 노력한다 해도, 자녀의 장난감 선반에서 미디어와 관련된 모든 장난감을 없애는데 성공했다고 말하는 부모들은 거의 없다. 그러나 여전히 우리가 할 수 있는 것은 많다.

전략들

① 장난감을 신중하게 구입하도록 유아들과 함께 계획하라.

부모들은 선물을 줄 때 다른 부모들이나 친척들과 자신의 자녀에게 좋을 것이라고 생각되는 장난감의 종류에 대해 이야기하는 것이 좋다. 그리고 유아들이 아주 구조화되고 폭력적인 장난감을 요구할 때, 우리는 유아들이 더 많은 정보를 가진 소비자가 되도록 도와줄 필요가 있다. 예를 들어, 부모들은 유아들의 장난감 요구 목록("읽을" 수 있도록 그림이 함께 그려진)을 만들 수 있고, 목록을 함께 볼 수 있으며 다음과 같은 토론을 할 수 있다: "그 장난감을 가지면 어떻게 사용할 수 있겠니?", "그 장난감이 싫증나면 어떻게 할 거니?", "네가 가진 다른 장난감들과 같니? 혹은 다르니?", "목록 중에서 네가 좋아하는 게임을 새로운 방법으로 하도록 도와줄 수 있는 것은 어떤 것이 있니?" 몇 가지 지침들은 아래의 표에서 제시하고 있는 것처럼 유아들을 위해 좋은 장난감을 선택하도록 도와줄 것이다.

장난감 선택을 위한 지침

이런 장난감을 선택하라	이런 장난감을 피하라
• 다양한 방법으로 사용할 수 있는 것	• 한 가지 방법으로만 사용되는 것
• 유아들이 사용방법을 결정함으로써 창의성과 문제해결력을 증진시키는 것	• 모든 사람이 같은 방법으로 놀아야 하고, 장난감 제작자가 만들어 놓은 대로 놀이하도록 되어 있는 것
• 여러 연령과 발달단계에서 즐길 수 있는 것	• 단일 연령과 단일 발달단계에 있는 유아들에게만 매력적인 것
• 반복적으로 하여도 재미가 지속되는 것	• 처음 10분 정도 재미있게 논 후 싫증이 나는 것
• 새롭고 더 복잡한 놀이 기회들을 만들기 위해 다른 장난감과 함께 사용할 수 있는 것	• 유아들이 화면에서 본 폭력의 줄거리를 모방하도록 하는 것

출처: *Remote Control Childhood: Combating the Hazard of Media Culture* by Diane, Levin(Washington, DC: NAEYC, 1998).

② 매우 구조화된 장난감과 전자식 장난감을 많이 가진 유아들이 놀이에 개방적인 자료들을 더 많이 사용하는 방법을 배우도록 도와주어라.

아주 구조화된 장난감을 많이 가지고 있는 유아들은 그들이 무엇을 할지를 장난감이 알려줄 거라고 기대하게 된다. 그리고 스스로 통제할 수 있고 다양한 방법으로 사용할 수 있는 보다 개방적인 장난감들이 주어졌을 때, 무엇을 할지 알기가 어려울 것이다. 이러한 장난감들은 심지어 지루할 수도 있다. 유아들은 종종 집이나 집단 상황에서의 놀이에 개방적인 장난감을 사용하기 위한 흥미로운 방법을 찾는데 도움이 필요하다.

당신은 단일 목적으로 사용하는 장난감을 가진 유아에게 개방적인 장난감들을 점진적으로 소개할 수 있다. 이것은 유아들이 장난감에 의해 통제되는 협소한 줄거리의 놀이를 넘어서 확장하도록 점진적으로 도와줄 수 있다. 예를 들어, 여러분은 스파이더맨의 '침대'를 만들기 위해 '스파이더맨' 놀잇감으로 이용되는 레고 벽돌을 꺼낼 것이다. 또한 아주 구조화된 장난감이 사용되는 집단 상황에서 유아들에게 개방적인 장난감을 점진적으로 소개할 필요가 있다.

학교에서는 유아들이 가정에서 어떤 장난감과 놀이 자료들을 사용하는지를 알아야 한다. 만약 많은 유아들이 매우 구조화된 놀잇감들을 가지고 있다면, 학교에서는 일반적으로 볼 수 있는 개방적인 종류의 장난감들을 다루는 방법을 배우는데 도움이 필요한 아이들을 발견하게 될 것이다.

③ 전쟁놀이와 연계되어 있는 폭력이 단순히 폭력으로만 끝나지 않도록 도와주어라.

한 유아가 전쟁놀이를 하면서 무기를 만들기 위해 손가락이나 레고와 같은 것을 사용할 때, 무기를 사용하기 위한 처음의 의도는 대개 폭력과 죽이는 것이다. 이것은 많은 유아들이 종종 무기를 사용하는 놀이 때문에 야단맞고, 다른 유아들을 해치거나 불화를 일으키는 등과 같은 많은 문제의 원인이다. 또한 성인들을 가장 괴롭히는 무기 놀이의 한 측면이기도 하다. 유아들이 이러한 의도를 넘어서도록 도와줌으로써, 교사는 유아들이 놀이를 확장하고 다른 유아들과의 갈등을 피하도록 도울 수 있다.

예를 들어, 한 유아가 레고 총을 만들고는 다른 유아들에게 그것을 쏘기 시작한다. 교사는 "네 총을 어떻게 사용하는지 이야기해 줄래?"와 같이 말할 수 있고, 그렇게 함으로써 유아에게 총이 갖는 의미를 알아낸다. 만약 유아가 총알을 가지고 사람을 죽이는 것으로 대답한다면, 교사는 "만약 네 총이 총알 대신에 접착제를 쏜다면 나쁜 사람에게는 어떤 일이 일어날까?" 와 같이 물어볼 수 있다. 혹은 "이 총으로 사람들을 죽이지는 않고 생포할 수 있는 다른 방법은 없을까?"라고 물을 수도 있다. 만약 그러한 질문들이 유아의 관심을 끈다면, 교사는 유아가 무기가 무엇인지, 그것을 어떻게 사용할지에 대해 다른 방법을 찾도록 지도할 수 있다. 또는 블록으로 '감옥'을 만드는 것과 같이 포로들에게 일어날 일들에 좀 더 초점을 맞추도록 유아들을 지도할 수 있다.

이러한 중재가 사용될 때 다음과 같은 몇 가지를 달성하게 한다. 중재는 유아들이 단일 목적으로 사용하는 폭력 무기의 개념을 넘어서서, 자료들을 가지고 다양하게 활용하여 놀이하도록 돕는다. 또한 착한 아이/나쁜 아이 놀이와 관련된 문제들에 참여하는 방법에 대해, 폭력과 죽이기에만 유일하게 초점이 맞춰진 것을 넘어서는 방법을 생각하게 한다.

이러한 접근이 사용되지 않을 때의 대안은, 유아들에게 장난감을 사용하는 대안적인 방법을 제시하면서 무엇이 허용되는지를 명확하게 말하는 것이다. 예를 들어, 바로 앞의 상황에서 만약 유아가 사람을 죽이기 위해 총알을 계속해서 쏜다면, 교사는 "미경이가 싫어하는데도 쏘는 것은 절대 옳지 않아. 나무 옆에 있는 괴물에게 쏘거나 혹은 같은 놀이를 하고 싶어하는 친구를 찾아볼 수 있어"라고 말할 수 있다.

지침 8

전쟁놀이의 특징인 아주 정형화 되고 제한적인 성역할을 줄이고, 남아 여아로서의 자신의 역할을 폭넓게 발달시키도록 도와주어라

남자 아이들은 항상 여자 아이들보다 전쟁놀이를 더 관심 있어 해 왔다. 그러나 오늘날의 유아들은 미디어와 장난감을 통해 극단적인 성 구분을 보여주는 이미지(남성은 힘이 세고, 강하고, 싸움을 좋아한다. 여성은 약하고, 매력적이고, 구조되어진다)를 너무 많이 보기 때문에 이러한 차이가 더욱 확대되고, 이러한 현상은 매우 어린 시기에 나타난다. 이와 같은 변화에 대해 수년간의 유치원 교사경력이 있는 Vivian Paley[38]는 "30년 전과 비교해 볼 때, 더 어린 나이에 영웅 놀이가 시작되고, 그런 남자 아이들이 적어도 1년 더 일찍부터 극놀이 영역에 가지 않는다는 것을 확신한다"라고 말했다.

더욱이 전쟁놀이는 남자 아이와 여자 아이를 분리시킨다. 어렸을 때, 유아들은 자신의 성이 무엇을 의미하는지 알려고 부지런히 노력한다. 매우 정형화된 성 구분은 놀이에서 나타나는 제한적인 성역할을 넘어서지 못하게 한다. 전쟁놀이에 남아가 많이 참여하는 것 뿐만 아니라, 남아와 여아가 어려서부터 분리되는 것은 남아와 여아 사이를 멀게 하고 서로 불신하게 하는 원인이 될 수 있고, 남아와 여아 모두 행동과 관심의 폭이 좁아지게 된다. 이것은 유아의 정치적인 태도를 발달시킬 뿐만 아니라 전반적인 발달에도 잠재적으로 중요한 영향을 미치게 된다.

38) V. Paley(1984). *Bad guy don't have birthdays: fantasy play at four*. Chicago University of Chicago Press

전략들

① 유아들이 놀이하고 있는 인물의 성 역할 차이에 대해 유아들과 대화를 나누어라.

"공주님은 항상 누군가 구해주는구나. 나쁜 사람들에게서 벗어나기 위해 그녀가 할 수 있는 일이 아무것도 없었을까?", 혹은 "나쁜 사람은 싸움이 끝나고 집에 가면 가족이 있을까?", 혹은 다음과 같이 성역할에 대해 보다 직접적으로 대화를 나누어라. "실제에서는 남자가 저렇게 싸우지 않아서 다행이야. 넌 그들이 싸우는 것 외에 무엇을 할 수 있다고 생각하니?" 이것은 또한 성역할에 대한 반성, 평가, 문제해결을 더 강화하는 직접적인 경험을 사용하도록 도와 줄 수 있다. 그리고 놀이에서 성별에 따른 분리와, 놀이할 때 왜 남아와 여아가 교실의 다른 영역을 선택하는지에 대해 의미있는 토론을 하도록 이끌어 줄 수도 있다.

② 매체 문화에서 본보기로 보여주는 제한적인 성유형화를, 남아와 여아 둘 다가 할 수 있는 활동과 흥미, 기술들로 확장하라.

남아와 여아 둘 다에게 흥미 있는 놀이 활동들을 포함해서 계획하라. 남아와 여아가 새로운 것을 시도하는 것이 편안하다고 느끼게 도와주어라.

③ 놀이 할 때와 그렇지 않을 때 모두 남아, 여아 사이의 상호작용과 우정을 격려하라.

남아와 여아가 각자 다른 놀이 속에서 만나도록 도와주어라. 예를 들어, 우리는 한 남아 집단이 지구인들을 공격하는 우주 침략자들 때문에 바깥에 마을을 건설하고 있는 상황을 보았다. 함께 놀아도 되는지 물어보는 남자 아이들은 여자 아이들이 마을을 건설하기에는 너무 약하다고 대답했다. 교사는 여자 아이를 제외하는 것에 대해 훈계를 하는 대신에, 남자 아이들에게 그들이 건설하고 있는 마을에 대해 물었다. 교사는 아이들이 돌을 사용하는 것을 보았다. 교사는 여자 아이가 돌을 모아오는 사람이 될 수 있다고 제안하였다. 모두가 동의했고, 곧 몇 명의 여자 아이들과 남자 아이들이 손수레 안에 돌을 담아 운동장 주변으로 가지고 왔다. 이러한 접근은 "여자 아이들은 약하다"라는 남자아이들의 고정관념에 직접적으로 언급하는 것을 피하면서, 동시에 "힘"을 사용하는 것으로 보여졌던 일이 여자 아이들에게도 주어졌다.

우리는 극놀이 영역에 참여하려 했던 남자 아이를 다른 남자 아이들이 '창피하게' 만든 사례에 대해 들었다(예를 들어, "남자는 아기 목욕통을 갖고 놀 수 없어"). 동시에, 남자 아이들은 전쟁놀이에서 여자 아이들을 제외시키려고 한다. '안전 규칙'이 효력이 있는 환경은 유아들이 새로운 것을 시도하기에 충분히 안전하다고 느끼도록 돕는다.

④ 남자 아이들이 자주 모방하는 강하고 힘 있는 인물을 넘어서도록 도와주어라.

강하고 힘 있는 인물을 모방하는 행동은 종종 남자 아이들의 무기력감과 불안감을 위장하기 위해 사용되어진다. 전쟁놀이에 몰입되어 있는 남자 아이들은 종종 자신이 가장 강해야 한다고 느끼고 있으며, 다양한 감정을 표현하는 것에 도움이 필요한 아이들이다. 남아들의 놀이가 양육적이고 감정적인 역할로 이루어지는 극놀이를 제외하고 공격적인 역할을 수행하는 데 더욱 더 초점을 맞출수록, 몇 몇 남자아이들은 상처받기 쉬운 감정이나 불확실성을 표현하고 이해하는 것이 어려울 수도 있다. 우리는 남자 아이들이 놀이 할 때나 그렇지 않을 때나, 폭넓은 감정표현을 배우도록 도와줄 수 있다.

예를 들어, 성훈이가 자신이 만든 레고 총을 부수는 민수를 공격하려는 상황에서, "성훈이가 힘들게 만든 총을 민수가 부수었기 때문에 성훈이가 화가 나고 흥분했구나. 성훈이가 기분이 좋아져서 때리지 않도록 우리가 무엇을 도와줄 수 있을까?"라고 말할 수 있다. 이러한 반응은 놀이 속에 있는 힘과 강함보다는 다른 감정을 갖게 하고, 유아들의 행동에 정당성을 부여하며, 유아들이 양육적인 방법으로 다른 사람들을 돕는 능력에 관심을 가지도록 한다. 우리가 "으르렁 소리를 내며 호영이에게로 달려가면서 겁을 주었기 때문에 호영이가 울고 있구나. 넌 매우 무서운 괴물이었어. 호영이는 아기 괴물을 무서워하고, 모든 아기들은 큰 소리도 무서워한단다. 네가 아기였을 때 너를 무섭게 만들던 큰 소리를 생각해 볼 수 있겠니?"라고 말한다면, 비슷한 결과가 달성된다.

⑤ 전쟁놀이에 흥미가 없는 남자아이들에게 특별한 지지를 제공하라.

다양한 이유(예, 욕구, 노출, 관심의 결여, 심지어는 그것을 무서워함)로 인해, 학급에서 다른 많은 남자아이들이 하는 것처럼 전쟁놀이를 하지 않는 남자아이도 있다. 전쟁놀이에 많이 참여하는 남자아이들은 이런 남자아이들을 보다 공격적인 전쟁놀이에 참여시키기 위해 직·간접적인 압력들을 가한다. 여러분은 전쟁놀이가 아닌 것에 대한 관심도 중요하다는 것을 알려주는 활동을 계획할 수 있다. 예를 들어, 만약 민철이가 부모 중 한 명이 의사이기 때문에 의사놀이에 관심을 보인다면, '부상당한' 영웅이 의사에게 치료를 받으러 갈 수 있는 병원을 만들어 줄 수 있다. 이것은 전쟁놀이 아닌 것에 대한 민철이의 관심을 유지하고, 전쟁놀이에 초점을 맞춘 남자아이들이 보다 더 양육적이고 다양한 역할로 그들의 놀이를 확장하도록 도우면서, 민철이가 놀이의 일원이 되도록 도와준다.

⑥ 전쟁놀이를 대표하는 역할모델에 대한 대안들을 찾을 수 있도록 하기 위해서, 남아와 여아 모두에게 매력적이고, 힘이 있으며, 인도주의적인 다양한 역할 모델들

을 제시해 주어라.

유아들이 놀이와 토의에서 이용할 수 있는 남성과 여성 둘 다에 대한 대안적인 모델을 제공하라. 예를 들면 피터 팬과 웬디, 오즈의 마법사에 나오는 도로시, 데스몬드와 괴물에 나오는 데스몬드(Desmond)[39], 무서운 거인으로부터 마을을 구하도록 도와주는 아비요요(Abiyoyo)[40]에 나오는 어린 소년과 같은 인물을 제공할 수 있다. 이와 같은 책들은 남아와 여아 모두가 군대식이 아닌 방법으로도 강력하고 힘이 넘치는 활동을 하는 방법들을 찾도록 도와줄 수 있다.

지침 9

유아들의 전쟁, 무기, 영웅놀이에 대해 교사와 부모들이 서로 지속적으로 대화하라

유아와 함께하는 어떤 집단이라도, 전쟁놀이와 관련된 문제에 대해 교사와 부모들 간에는 공감대가 있을 것이다. 많은 부모들은 대개 자녀가 전쟁놀이 참여하는 것에 대하여 전쟁놀이 딜레마의 한, 두 가지 측면에 해당하는 걱정과 질문을 가지고 있다. 그들은 또한 가정과 학교에서 자녀들과 함께 전쟁놀이에 접근하는 방법에 대해서 종종 강력한 입장을 취하기도 한다. 덧붙여, 교사들이 더 개방적이고, 더 적극적으로 전쟁놀이를 시도함에 따라, 부모들은 교사들의 접근에 대하여 잠재적으로 동의하지 않을 뿐만 아니라 많은 의문들을 가지는 것 같다.

---

39) Althea(1981). *Desmond and the monsters*. 이야기 책의 주인공(역자 주)

40) Pete Seeger(글), Michael Hays(그림)의 이야기 책. 마법사 부자(父子)가 괴물과 맞서 싸워 나가는 내용(역자 주)

이러한 이유 때문에, 교사와 부모 모두가 놀이에 대한 생각과 그들이 사용하는 접근법의 이론적 근거에 대한 생각을 설명하고, 다른 사람들의 생각을 듣는 기회를 가질 수 있는 대화를 지속적으로 진행하는 것이 중요하다. 이러한 토론을 통해 부모들은 학교에서 일어나는 일을 지지하는 방법을 배우게 될 것이고, 가정에서 전쟁놀이가 일어나는 것에 대해 새로운 통찰력을 갖게 될 것이다. 부모들은 폭력에 노출되는 것으로부터 유아들을 보호하는 효과적인 방법을 배우고, 그렇게 하는 것이 왜 중요한지를 더 잘 이해할 것이다. 또한 교사들은 유아들의 전쟁놀이 참여에 대해 부모들과 대화함으로써 많은 것을 배우게 될 것이다. 왜냐하면 전쟁놀이는 학교에서보다는 가정에서 더 많이 일어나고 광범위한 것이기 때문이다. 이런 놀이를 하는 유아들의 특별한 욕구에 대해 부모들로부터 듣는 것은 교사들이 개발하는 교육과정의 방향에 대해 새로운 아이디어를 제공할 수도 있다. 교사와 부모 간에 의견이 맞지 않을 때, 대화를 통해 서로 의견을 주고받는 분위기에서는 모든 사람들이 문제해결과정에 참여하였다고 더 많이 느끼게 될 것이다.

전략들

① 전쟁놀이에 대한 태도와 접근법들에 대해 부모와 교사가 대화할 수 있는 공식적·비공시적 기회들을 만들어라.

교사와 부모가 전쟁놀이에 대한 접근법과 전쟁놀이가 필요한 이유를 토론할 수 있는 '부모의 밤'을 계획해 보아라. 교사는 자녀들이 전쟁놀이를 하는 모습과 전쟁놀이에서의 교사 역할을 관찰할 기회를 가질 수 있도록 부모들이 교실을 관찰하게 할 수 있다. 부모들이 전쟁놀이에 대해 부가적인 정보를 요구할 때는 관련 자료들을 이용할 수 있다. 부록 1에는 '전쟁놀이를 해결하는 것에 대한 질문과 응답'이 있고 부록 3에 있는 불건전한 아동오락에 반대하는 교사들에 의해 발간된 TRUCE[41] 지침들처럼 부모들을 위해 발간된 유용한 자료들도 있다.

교사와 부모들은 개별 유아의 전쟁놀이 참여에 대한 특별한 문제를 부모회에서나 등·하교시간에 토의할 수 있다. 교사들은 전쟁놀이 교육과정에 대한 학급 전시물(예: 블록놀이 영역에서 영웅 놀이를 하기 위해 만든 구조물 사진들)을 준비할 수 있다. 교육적 상황은 개별 부모들에 따라 아주 다양하기 때문에 교사들은 학교 홈페이지에 부모들이 쉽게 접근할 수 있는 대화의 통로를 개설해야 할 것이다.

② 부모들과의 토론에서 얻은 정보에 기초하여 학급에서 일어나는 일에 적용하라.

교실에서 교사가 선택하는 접근법들은 유아들의 경험에 영향을 받게 될 것이다. 예를 들어, 유아들의 텔레비전 시청 정도, 가정에서 상업적인 전쟁 장난감을 놀이의 일부로 사용하는 정도, 그리고 놀이에 대한 부모의 태도 범위 등은 모두 교사가 개별 혹은 집단으로 유아들과 활동하는 방식에 영향을 줄 것이다.

③ 자녀들의 전쟁놀이에 대한 부모의 역할과 책임감에 대하여 부모들이 지지 받고 능력 있다고 느끼도록 도와주어라.

교사들은 부모들이 전쟁놀이에 대한 생각과 걱정을 토론하고 해결책을 이야기할 수 있는 장소가 있다고 느끼도록 도와줄 수 있다. 그리고 부모들이 자녀의 전쟁놀이를 촉진하는 것을 배우도록 할 수 있다. 부모가 자

41) Teachers Resisting Unhealthy Children's Entertainment(불건전한 아동오락에 반대하는 교사들)(역자 주)

녀의 전쟁놀이에 적극적으로 참여하고 토의하게 되면, 그들은 전쟁놀이에 대한 자신의 감정과 유아들의 생활에 미치는 영향을 더 잘 통제한다고 느끼게 되는 것 같다.

④ 부모들이 폭력 매체와 놀이를 해결하는 방법에 대해 학교 바깥에서도 다른 사람들과 편안하게 대화할 수 있는 환경을 만들어라.

부모들이 배운 기술은 전쟁놀이를 효과적으로 해결하는 방법에 대해 친척들과 이야기하도록 도울 수 있다.

결 론

이 장에서 우리는 유아들의 욕구와 현대의 사회적 영향의 측면에서, 전쟁놀이 딜레마를 해결하기 위한 다양한 지침과 전략들을 제공하였다. 이 제안들은 모든 사람들을 위한 것은 아니다. 다음에 요약된 표는 여러분들이 선택할 수 있는 가능한 전략들에 대하여 생각하도록 도와줄 것이다.

전쟁놀이 딜레마를 해결하기 위한 효과적인 접근의 특징

- 유아들이 폭력적인 오락과 뉴스 매체에 노출되는 것을 가능한 제한한다.
- 모든 유아들의 안전을 확보한다.
- 모방적인 놀이보다는 상상적이고 창의적인 놀이 발달을 촉진한다.
- 너무 사실적이고, 매체와 연계되어 있으며 전자식의 "싸움" 장난감에 대한 의존도가 낮다.
- 개방적인 장난감과 놀이 자료의 사용을 장려한다.
- 유아들이 보고 들은 폭력에 대해 이해한 것을 표현할 수 있는 기회를 제공한다.

- 매체에 너무 의존하지 않고 놀이 속에 의미있는 내용을 통합한다.
- 유아들의 지식과 욕구에 대한 정보를 우리에게 제공해 준다.
- 유아들이 폭력에 대해 배우는 것을 줄인다.
- 전쟁놀이와 관련된 일을 결정하는 데 유아들을 포함한다.
- 환경과 유아들의 욕구가 변화되는 것에 따라서 전개한다.
- 가정과 학교를 연결한다.

제 7 장 전쟁놀이 딜레마 해결하기: 성인과 유아가 함께 노력하는 예

전쟁놀이 딜레마에 관련된 이슈와 전쟁놀이 딜레마를 해결하는 방법에 대한 지침서를 읽음으로써 많은 것을 알게 된다. 그러나 생각들을 실제 유아들과 함께 활동하는 것으로 전환하는 것은 또 다른 이야기이다. 오늘날 유아들의 일부가 된, 전쟁놀이 딜레마를 해결하는 것은 지속적인 도전이다. 모든 상황에 적용될 수 있는 단순한 공식은 없다. 어떠한 두 가지 상황조차 똑같지 않다. 한 가지 상황에 적합한 것이 다른 상황에도 적합할 것이라고 볼 수는 없다. 어떤 일이 일어나고 있는지를 이해한다고 생각하는 순간, 모든 것이 의문으로 변할 수도 있다.

이제부터 이 책에서 제시하는 '관점'을 사용하여 주의 깊게 노력한 몇 가지 예를 제시하고자 한다.

1. 전쟁놀이 딜레마를 해결하기 위한 한 가족의 노력

다음은 다이앤이 6살 아들을 둔 엄마와 주고받았던 이메일 통신의 일부이다. 어머니는 아들의 총싸움 놀이를 해결하기 위한 방법을 이해하고 생각해내기 위해 노력하고 있었다. 그 어머니는 이러한 놀이가 왜 시작되었는지, 그리고 사격이나 폭력에 초점을 둔 놀이에 대해 걱정을 하면서 통신을 시작하였다. 결국, 그 어머니는 아들이 그의 세계에서 두려운 것을 이해하고 처리하려는 시도에서 놀이를 어떻게 활용하는지에 대해 이해하게 되었다. 어머니가 고민하고 있고 해결하려는 이슈들은 이 책에서 논의되고 있는 많은 생각들이 실제에서 어떻게 활용되는지에 대한 방법을 사실적으로 보여준다. 다이앤의 반응들은 이 책에서 강조하는 원칙들을 '실제 세계'에 적용하려는 어머니의 노력들을 반영한다.

9월 18일

안녕하세요! 박사님

나는 당신이 Wheelock대학 동창 사건에 빗대어 말한 것을 들었기 때문에 이 글을 쓰고 있어요……. 그리고 당신이 나를 도와줄 거라 생각해요. 나는 지금 6세 6개월

된 아들을 키우고 있으며 어떤 문제를 가지고 있답니다. 전반적으로 우리 아들은 집과 학교에서 잘 하고 있어요. 그러나 남편과 나는 최근에 아이의 총놀이에 주의를 기울이게 되었어요. 아들이 이전에는 전혀 총놀이에 관심이 없었어요. 아들은 TV도 거의 보지 않는데 아들이 보는 것은 주의 깊게 선별해준답니다. 우리 아들은 뉴스조차 보지 않아요. 내가 생각하기에 아들이 권총에 노출된 것은 할머니 댁에서 본 "스타워즈"영화 뿐이었어요. 그러나 그것은 오래 전 일입니다.

우리는 총놀이를 못하게 하려 하지만 아들은 운동장에서 친구들과 함께……. 그 놀이한 것을 이야기해요. 나는 무엇이 "정상적인" 것인지 알고 싶어요. 우리 아들은 발달적으로 총놀이를 시작하는 시기를 지나지 않았나요? 또한 나는 우리 아들이 친구들에게 창피당하지 않으면서, 혹은 아들이 "무엇인가 하려" 할 때 죄의식을 느끼지 않도록 하면서 지도할만한 어떤 제안점을 찾고 싶어요.

이 문제에 대해 답변해주시면 정말 감사하겠습니다.

9월 20일

안녕하세요! 어머니

당신의 고민은 혼자만의 것이 아닙니다. 많은 부모님들이 당신의 문제와 비슷한 고민들을 말합니다.

사실 지금 이라크와 전쟁 중인 미국에 대해 뉴스에서는 많은 논의들이 되고 있고, 그래서 주변에 폭력적인 이미지들이 많이 있지요. 아드님이 갑자기 전쟁놀이에 관심을 갖게 된 것이 뉴스에서 나온 폭력과 관련된 것이 아닐까 생각이 됩니다. 어린이들은 주변 세상에서 들은 것을 놀이 속으로 가져갑니다. 비록 아드님이 집에서 그것에 대해 많이 듣지 않았다하더라도, 유아들은 운동장에서 들을 수도 있고, 친구들로부터 그런 이야기들을 들을 수 있을 것입니다. 그리고 6살 유아들은 더 큰 집단인 1학년들로부터 정보를 얻기 시작합니다.

당신이 전쟁놀이에 관한 매우 기본적인 문제에 대해 생각하고 있는 것은 분명합니다. 예를 들면, 유아들은 종종 전쟁놀이에 참여할 때 그들이 폭력에 대해 들은 것을 행하려고 합니다. 그리고 우리가 유아들이 계속하려고 하는 것을 이해하면 할수록, 우리는 유아들을 도와줄 수 있게 됩니다. "왜 지금" 이라는 당신의 의문은 매우 중요한 것입니다. 아드님이 폭력적인 내용에 참여하는 것에 대한 고민 때문에 당신이 그것을 못하도록 해야 할지 어떨지에 대한 의문을 갖는 것 또한 적절합니다. 당신의 질문에

답이 될 만한 자료들이 있습니다. [부록 C 참조]

지금부터 제 조언대로 하시면 아드님의 놀이와 연결될 수 있고, 아드님에게 죄의식을 느끼게 하지 않을 것입니다. 그리고 아드님이 행하고 있는 이슈/내용들에 대해 더 많이 이해하려고 노력하십시오. 나는 이러한 조언이 실천하는 것보다 더 쉽게 말해진다는 것을 압니다. 행운을 빌어요. 그리고 어떻게 되었는지 나에게 알려주세요.

9월 21일

안녕하세요. 박사님.

답장 주셔서 감사합니다. 박사님의 조언에 따라 저는 놀이에 대하여 더 많이 이해하려고 노력하고 있어요. 저는 아들과 친구들의 놀이에서 어떤 일이 일어나고 있는지 더 주의 깊게 관찰하기 시작했어요.

우리 이웃에 6, 7세 남자아이 세 명이 살고 있어요. 그 아이들은 자주 같이 놀이해요. 다른 부모님들이 총놀이를 다루는 방식들이 매우 흥미로웠어요. 부모님들은 모두 다른 방법으로 총놀이를 다루고 있었어요.

최근에 여기로 이사 온 한 어머니는 아들에게 아주 직접적이고 노골적인 방식으로 "안전"에 대해 가르치고 있어요. 그 어머니는 진짜 총에 대해서, 또 어떻게 사람을 다치게 하는지에 대해 이야기하고, 유괴와 유괴범으로부터 자신을 보호하는 방법에 대해 말하죠. 그 어머니는 아들에게 어떤 사람을 다치게 하는 척하는 것조차 허용하지 않아요. 아들은 약간 둔감해진 듯하지만 무서워해요(그 아이는 격리불안을 갖고 있고 새로운 것을 시도하는 걸 꺼려해요).

또 다른 어머니는 아주 많은 장난감 총을 가지고 있어요. 심지어 아들을 위한 비비총까지 있답니다. 그 어머니의 아들은 … 자기와 싸울, 또 다른 친구들 중 한 명을 총으로 겨누며 수풀 속에 숨기도 해요.

내가 아이들이 총놀이를 했다고 이야기하자, 세 번째 어머니는 놀라며 아들에게 "절대 총놀이 하지마"라고 말했어요. 그러나 그 어머니의 10살 된 딸은 어머니의 말을 듣고 "엄마, 그 시기엔 모두 총놀이를 해요!"라고 말했어요.

불쌍한 아이들. 저는 아이들이 세상을 이해하기 위해 노력하고 있다는 것을 알아요. 그리고 아이들은 가정에서 얻는 다양한 메시지들에 의해 혼란스러워하고 있다는 것을 알아요.

저는 우리 아들이 자신의 놀이에 대해 죄의식과 부끄러움을 느끼지 않도록 노력하는데 동의해요. 박사님 아들의 행동과 선택 내에서 안내하되, 또래의 세계 속에서 살도록 아들에게 허용해주려고 노력하였다는 박사님의 이야기를 기억해요. 그것은 친구들 대부분이 본 영화를 아들이 보러가는 것과 관련된 것이었죠. 나는 전문가조차도 이러한 문제들과 싸운다는 것과, 종종 간단하고 옳은 한 가지 답이 있는 것도 아니라는 것을 듣게 되어 감사하게 생각해요.

다시 한번, 당신의 도움에 감사드리며 그 상황이 달라지면 또 편지 드리겠습니다.

10월 4일

안녕하세요. 어머니.

이웃에 살고 있는 다른 어머니들의 접근 방법에 대해 기술해 준 내용은 오늘날 부모님들이 전쟁놀이를 해결하기 위해 활용하는 접근방법들을 잘 알 수 있게 해 줍니다. 또한 그것은 다양한 접근들을 취하는 부모의 자녀들이 함께 놀이할 때 일어나는 일들의 복잡성을 잘 알려줍니다. 계속 편지 주세요.

10월 8일

안녕하세요. 박사님.

매우 감사합니다. 부모님들이 보편적으로 우리가 다루고 있는 여러 종류의 문제들에 대해 노력하고 있다는 것을 재확인하는데 도움이 되었습니다.

행복하게도, 지난번 편지 쓴 이후 많이 안정되었는데 그 이유를 알 것 같아요. 남편과 제가 접근 방법을 바꾼 것이 그 이유인 것 같아요. 이제 다른 방법을 모색하거나 "총은 안 돼" 라고 말하는 대신, 우리는 아들에게 왜 사격을 하고 총을 사용하는지 그 이유를 물어봐요. 예를 들면, "너에게 필요한 것이 총이니? 뭐가 문제니?" 이러한 질문은 그 주제에 대한 더 많은 논의와 탐구를 하게 해요.

우리 아들은 "나쁜 사람들"과 "어떻게 그런 일들이 언제나 일어날 수 있어요, 엄마!"라며 자세하게 물어보았어요. 저는 당황해하며, 아들이 의미하는 것이 무엇인지 물었고, 아들은 "그들"[나쁜 사람들]이 언제든지 우리 집에 들어올 수 있고 우리 물건을 가져가거나 우리를 다치게 할 수 있다고 설명하였어요[그 순간 실제 두려워하며]. 상상 속에서, 아들은 사다리가 필요하다는 것을 이해하지 못한 채, "나쁜 사람들이" 집으로 어떻게 들어올 수 있는지(이층 창문을 통해)를 보여주었어요.

뭔가가 분명히 일어나고 있어요. 아들은 아마도 더 무시무시한 정보를 듣고 있을 거예요. 1학년과 더 넓게는 뉴스에서의 전쟁과 폭력주의에 의한 최근 실생활에서 일어나는 침략들에 대한 정보를 말이에요. 그러나 올 여름 뉴스에서, 아이들이 유괴되고 있다는 기사(특히, 침대에서 유괴되었다는 캘리포니아 아이에 대한 기사)를 듣게 되었을 때, 저는 "아하" 현상을 경험했어요. 지난 여름 여기에서 있었던 두 건의 유괴 시도에 대하여 들은 것을 아이들이 이야기 하고 있어요. 아이들의 이야기와 놀이는 그 뉴스와 관련이 있는 것 같아요.

그것은 전쟁놀이를 이러한 두려움과 관련지어 생각하는 데 도움이 되었어요. 우리는 아들에게 안전하다는 것을 재확인시키려고 노력해왔어요. 우리는 개 두 마리가 무슨 수를 써서라도 아들을 보호할 것이기 때문에 "나쁜 사람들"이 들어올 것이라는 걱정을 할 필요가 없다고 말했어요. 그러나 아들은 여전히 두려워하고 있어요.

그리고 나서, 우리는 실제로 뭔가를 할 수 있었어요. 저에게는 일본에서 살고 있는 친구가 있는데, 그 친구는 제게 한 쌍의 괴물형상조각(gargoyles)을 주었어요. 괴물형상조각은 일본 사람들이 가정을 보호하기 위하여 문가에 두는 것이에요. 저는 괴물형상조각을 밖에 두고 우리 아들과 그 풍속을 공유하려고 생각했죠. 우리는 아들과 딸의 침실 문 밖 마루에 그 조각을 두기로 했죠. 다음날 아침, 우리 아들이 제 방으로 들어와 큰 소리로 웃으며, "그것이 날 보호해 줬어!"라고 말했어요. 그 이후로 아들은 매일 밤마다 잘 잤어요. 그리고 지금은 총놀이에 거의 열중하지 않아요. 아들은 다른 재미있는 놀이 주제와 여가 활동들에 더 많은 흥미를 가지고 있는 것 같아요.

이것은 매우 유익한 경험이었어요. 저는 이제, 아들이 살아가는 동안 나쁜 일에 직면할 것이고 아들과 딸이 자신의 삶을 이해하도록 돕기 위해 지속적으로 노력할 거라는 것을 알아요. 그러나 이제 저는 우리 아이들을 도와주는 것에 대해 약간 더 자신감이 생겼어요. 다시 한번 감사드립니다.

10월 9일

안녕하세요. 어머니

아드님의 총놀이에서 있었던 많은 놀라운 사실들을 알려주셔서 감사합니다. 아들이 안전하게 느끼도록 돕는 방법뿐 아니라 그 놀이의 기저에 담긴 것을 이해하는데 성공했다는 것이 중요해요. 그리고 얼마나 특별하고 창의적인 해결책인지! 그것은 성인의 논리가 아니라, 아이가 세상에 대해 생각하는 구체적인 방법과 관련된 것이에요.

많은 유아들이 그러한 두려움을 가지고 있는데, 그 두려움을 극복하는 데 필요한 도움을 받을 기회가 없다는 것이 저는 걱정스러워요.

아이가 더 발달할 수 있도록 계속 지켜보십시오.

아들이 총놀이에 관심이 있다는 것을 예상치 못했던 이 어머니는 아들의 이러한 관심이 최근 뉴스에서 보도된 유괴 사건과 관련이 있다는 것을 알게 됨으로써 총놀이에 대한 새로운 사고방식을 찾게 되고 그의 아들과 총놀이를 다루는 방식을 찾게 되었다.

비난적이거나 설교조의 목소리보다는 개방적인 대화의 방식으로 유아들에게 전쟁놀이에 대해 말하는 방법을 이해하는 것은 어려운 일이다. 또한 당신이 논의하고 싶은 총이나 폭력에 대한 몇 가지 중요한 이슈들을 제기하는 것도 어려운 일이다. 유아의 이해수준에 적합한 방법으로 유아들과 대화할 수 있도록 도와주기 위해, Nancy는 다음과 같은 편지를 썼다. 이것은 교사단체인 TRUCE에서 활용하고 있다. 그것은 유아들이 그 이슈에 대해 생각하도록 돕기 위한 하나의 방법으로 읽혀질 수 있다.

어린이 여러분!

어떤 아이들은 장난감 총과 무기를 가진 장난감을 너무 좋아해요. 그 아이들은 그 장난감들을 가지고 싸움놀이를 하며 재미있어 한답니다. 많은 선생님들이 무기 장난감들에 대해 걱정을 하고 있어요. 아이들이 그런 장난감을 가지고 싸움놀이를 하고 죽이는 놀이를 한다면, 그 놀이는 아이들에게 사람을 해쳐도 되고 싸움이나 해치는 것이 재미있는 것이라고 가르치게 된다고 선생님들은 생각해요. 아이들은 자주 "우리는 단지 그러는 척할 뿐이에요. 놀이하는 것이라고요."라고 말해요.

어떤 선생님들은 아이들이 텔레비전에서 본 인물이 된 것처럼 교실에서 행동한다고 말하죠. "아이들은 차고 싸우는 행동을 해요. 아이들은 실제로 서로를 다치게 해요. 그것은 무서운 일이에요. 그것은 그러는 척 하는게 아니에요."라고 선생님이 말해요. 많은 선생님들이 걱정하고 있어요. 선생님들은 텔레비전 프로그램과 광고가 폭력적인 장난감들을 근사해 보이도록 하고 아이들이 그것을 사고 싶도록 만든다며 흥분해요. 선생님들은 회사가 유아들에게 폭력적인 장난감을 팔기위해 텔레비전을 활용하지 않아야 한다고 생각해요.

- 선생님들이 말하는 것에 대해 여러분들은 어떻게 생각합니까?
- 교사들, 부모들, 그리고 유아들이 싸움놀이 장난감들에 대해 해야 할 것이 무엇이라고 생각합니까?
- 유아들이 안전하고 싸움에 대해 학습하지 않도록 어른들이 도와줄 수 있는 일은 무엇일까요?
- 유아들이 싸움놀이 장난감을 가지지 않고 놀 수 있는 방법에 대해 어떤 생각을 가지고 있습니까?

모든 나라의 많은 교사들로부터[42)]

2. 파워레인저 놀이를 줄이기 위해 학급회의 활용하기: 전쟁놀이 딜레마를 해결하기 위해 유아들과 함께 하기

다음 사례에서, 한 교사는 많은 유아들을 흥분시키는 전쟁놀이에서 야기되는 문제들에 대한 해결책을 찾기 위해 학급 전체 유아들이 어떻게 참여할 수 있는지를 보여준다. 그것은 우리가 유아들에게 안전하고 보호적인 환경, 즉 중요한 문제를 해결하기 위해 함께 할 수 있는 환경을 만들어 주기 위해 활용할 수 있는 과정들을 보여준다. 또한 그것은 우리가 유아들이 자신의 행동에 대해 보다 책임감을 가지게 할 뿐 아니라 전쟁놀이에 대해 더 반성적이 되도록 도울 수 있는 방법을 제공한다. 더구나,

42) *TRUCE Toy Action Guide*에서

바로 그 접근은 유아들이 함께 하면서 폭력과 관련되지 않은 문제들도 해결하는 방법의 모델이 된다. 이것은 전쟁놀이를 통해 배울 수 있는 폭력을 줄이기 위해서 우리가 가르쳐야만 하는 것이다. 다음의 예를 보자.

> 유치원 아이들은 알루미늄 호일로 덮인 커다란 상자 안에서 놀고 있다. 갑자기 남자아이 세 명이 뛰어올라가 가라데 자세를 취하며 그 상자를 발로 찼다. 교사가 그 소동을 제재하기 위해 바로 달려왔고, 상자 속에 있던 한 아이가 "공격자" 라고 하며 주먹으로 때렸다. 그러자 맞은 아이는 "난 파워레인저야!"라고 하며 갑자기 울음을 터뜨렸다.

교실에서 파워레인저가 출현함으로써 발생한 위기상황이 이 교사에게 처음 있는 일은 아니다. 즉시 문제를 처리한 후, 교사는 그 문제를 모든 유아들이 함께 해결할 수 있도록 학급 회의를 해야겠다고 결심하였다. 다음의 학급 토론에서 전쟁놀이 딜레마의 해결책과 관련된 대화의 중요 요소들에 대한 설명을 덧붙여 제시하였다.

> 교사: 나는 어떤 문제를 발견하게 되었고 그 문제를 해결하는 방법을 알기 위해 여러분들의 도움이 필요해요. 최근에 여러분은 얼마나 많은 친구들이 바깥 놀이터에서 파워레인저 놀이를 하는지 알고 있을 거예요. [여러 명의 유아들이 고개를 끄덕이며 동의한다] 자, 여러분이 파워레인저 놀이를 할 때, 안전하다고 느끼지 않죠. 결국, 누군가가 화를 내거나 다치게 되죠… 심지어, 울게 되죠. 종종 놀이하고 있는 다른 친구에게까지 방해를 하게 되요. 이러한 문제에 대해 어떻게 생각하나요?
>
> 상욱: 나는 파워레인저가 싫어요. 나는 그런 놀이 안 해요.

무슨 일이 일어나고 있는가?

- 교사는 최근 유아들이 직접 경험한 것을 언급함으로써 그 문제를 진술하고 있다.
- 유아들이 원인과 결과를 연결할 수 있도록 돕기 위해, 교사는 유아들이 어떻게 놀이에 영향을 받는지 구체적인 방법으로 설명한다.
- 교사는 그 문제에 대해 더 많은 측면이 있음을 알고 있다.
- 교사는 비난하기 보다는 유아들이 안전을 유지할 수 있는데 초점을 두고 있다.
- 교사가 그 문제를 설명한 후, 교사는 유아들이 그 문제에 대해 자신의 견해를 말할 수 있도록 유아들을 토론으로 끌어들인다.

교사: 그래요. 여러분은 파워레인저 놀이를 좋아하지 않아요. 그리고 나는 친구들이 여러분 가까이에 가서 파워레인저 놀이를 할 때 좋아하지 않는다는 것을 알고 있어요. 친구들이 파워레인저 놀이를 하지 않는 다른 친구 가까이 가서 파워레인저 놀이를 할 때 무슨 일이 일어나게 되죠?

- 교사는 상욱이의 말을 받아서, 유아들이 그 문제에 대한 이해를 보다 정교화하도록 시도하고 있다.

화영: 싸움이요.
상욱: 나는 항상 선생님께 가요.
성훈: 나는 그 친구들이 나를 괴롭힐 때 그 친구들을 때려요. 그러면 걔들이 멈춰요!

- 어린 유아들은 종종 구체적인 행위와 경험의 두드러진 측면에 초점

을 맞춘다.

교사: 싸우고, 선생님께 달려가고, 그리고 친구를 때리는 것은 여러분이 안전하지 않다고 느낄 때 그렇게 해요. 파워레인저가 왜 안전하지 않다고 느끼게 할까요?

- 가치 판단을 하지 않고, 교사는 감정과 행위 사이의 인과관계를 보여준다.
- 교사는 유아들의 말을 교실에서의 기본적 목표, 모든 유아들이 안전하다고 느낄 수 있도록 하는 목표와 연결시키고 있다.

성훈: 파워레인저는 오늘 우주선을 엉망으로 만들어버렸어요.
준석: 파워레인저는 너무 나빠요.
교사: 여러분은 우리에게 파워레인저가 얼마나 나쁜지 말해줄 수 있나요?

- 교사는 준석이가 파워레인저의 행동에서 구체적인 측면에 초점을 맞추도록 시도하고 있다. 그리고 파워레인저의 행위가 다른 사람들에게 어떠한 영향을 미치는지에 초점을 맞추도록 하고 있다.

준석: 파워레인저는 얼굴에 대고 고함을 지르고, 발로 차고 주먹으로 때려요. 나는 파워레인저가 싫어요!
교사: 여러분은 정말 그런 시끄러운 소리와 발로 차는 행동을 싫어하는군요.

- 교사는 파워레인저의 어떤 행동이 그 문제를 야기하는가에 대해 모두에게 강조하고 있다.

형석: 하지만 그것은 파워레인저가 하는 거예요. 파워레인저는 진~짜 싸우고 싶어해요.

교사: 그래서 문제가 생기게 되죠. 파워레인저 놀이를 하고 있는 친구들은 싸움놀이를 좋아하지만, 다른 친구들은 파워레인저가 가까이 올 때 싫어해요.

- 가치판단을 표현하지 않고, 교사는 그 문제가 두 가지 측면이 있음을 보여준다. 이것은 유아들이 자아중심적 관점에서 벗어날 수 있도록 도와줄 수 있다.

교사: 여러분이 어떤 일을 하려고 하는데 싸움과 소음이 여러분 가까이에서 일어날 때 안전하다고 느끼는 것은 힘든 일이죠. 우리는 파워레인저가 모두에게 안전감을 가질 수 있도록 하기 위해 해야 할 것이 무엇인지 찾아야할 필요가 있어요. 우리가 어떻게 하면 좋을지 누가 말해볼까요?

- 교사는 다시 그 문제를 모두의 안전 욕구와 관련짓고 무엇이 유아들에게 안전하다고 느끼지 못하도록 하는지를 정확하게 보여준다.
- 그 문제가 명확해지자, 교사는 재빨리 가능한 해결책들을 찾도록 한다. 교사는 안전감이 해결책의 가장 중요한 요소임을 유아들에게 상기시킨다.

영민: 딴 데 가서 놀아.

교사: 영민아, 파워레인저 놀이는 다른 친구들과 떨어진 곳에서 하라는 뜻이니? [영민이가 고개를 끄덕인다]

진수: 말로 해.

교사: 너는 어떤 말을 할 수 있니?

- 교사는 통역자의 역할을 하면서, 각 해결책이 어떻게 실행될 수 있는지에 초점을 맞춘다.

형빈: "저리 가." 라고 말해요.
영희: "때리지 마" 혹은 "조용히 해."라고 말해요.
한석: "유치원에서 싸움놀이 하지 마."라고 말해요-우리가 유아원에서 그렇게 했던 것처럼요.
형석: 오, 맙소사. [또 다른 불만의 소리들이 있다.]
교사: 형석아, 넌 그 생각이 마음에 들지 않는구나. 더 좋은 생각이 있으면 말해주렴.

- 형석이가 하는 불만의 소리를 들어줌으로써, 교사는 다양한 생각들이 존중된다는 것을 보여준다. 이것은 독립심과 신뢰감을 길러준다.

형석: 파워레인저는 싸울 필요가 있어요. 그게 걔들이 할 일이에요.

- 형석이는 선생님이 듣고 싶어 한다고 생각하는 것이라기보다는 자기가 생각한 것을 편안하게 말하고 있다.

교사: 파워레인저가 싸움 외에 할 수 있는 것은 무엇일까요?

- 교사는 유아들이 폭력에 대한 협소한 초점을 넘어서서 파워레인저가 할 수 있는 것에 대한 생각의 범위를 확장하도록 돕고 싶어 한다.

영훈: 파워레인저가 고등학교로 돌아가는 거예요.

정아: 파워레인저는 커다란 방에서 먹어요.

성훈: 파워레인저는 우리 식당에서[지금 극놀이 영역에서] 먹을 수 있어!

- 이것은 일종의 집단 문제해결 과정에서 나타나는 예상치 못한 돌파구이다. 그것은 파워레인저 놀이가 단지 싸움놀이 이상의 것으로 확장되는 하나의 해결책을 낳는다.

교사: 여러분들은 이 문제에 대해 좋은 생각들을 많이 제안하고 정말 열심히 토론하였어요. 내일 그 생각 중 몇 개를 해 보도록 해요. 만약 우리가 특별한 장소, 즉, 여러분이 다른 친구들과 멀리 떨어져 바깥놀이터에서 놀이할 수 있는 그런 특별한 장소를 선택한다면 어떻게 될까요? 여러분들이 그것을 시도할 수 있다고 생각하나요? [여러 명이 고개를 끄덕인다.] 그리고 식당에 있는 친구들은 파워레인저를 위해 식사를 준비할 수 있겠어요? 파워레인저는 정말 배가 고파야 해요. [더 많은 유아들이 고개를 끄덕인다.]

- 교사는 모두가 동의할 수 있고 안전을 증진시킬 수 있는, 두 가지 해결책을 선택함으로써 토론을 종결하려고 한다.
- 교사는 두 가지 해결책이 어떻게 그 문제의 양면을 고려하는지를 보여줌으로써, 모든 유아들이 자신의 제안에 동의할 것이라 확신한다.
- 교사는 두 가지 해결책들을 실천할 필요가 있다는 것을 유아들이 알도록 도와준다.

영훈: 그렇지만 우리가 먹고 싶어 하는 것이 더 좋아요!

- 영훈이는 이미 그 해결책을 실천할 수 있는 구체적인 방법들에 대해 생각하기 시작하였다.

교사: [미소 지으며 고개를 끄덕인다.] 여러분은 오랜 시간동안 앉아있었어요. 두 가지 새로운 생각들을 시도해봅시다. 나는 파워레인저가 싸우는 것 외에 다른 것을 하기를 바래요. 어떻게 되었는지 내일 마칠 때 이야기해 보아요.

- 교사는 싸움에 대하여 개인적인 의견을 이야기하고 있다.
- 교사는 문제를 해결하기 위하여 모든 유아들이 동의하는 구체적인 계획을 가지고 있다고 확신할 때 토론을 끝낸다.
- 교사는 시행해 보고나서 그 해결책을 평가해 볼 기회를 가질 것이라는 것을 유아들이 미리 생각하고 알도록 돕는다.

그 문제가 계속된다면…

만약 유아들이 해결책을 실행해보고 여전히 파워레인저 놀이에서 문제가 지속된다면 어떻게 될까? 이때 교사는 '전쟁놀이를 제한하되 그 이슈에 대한 대안적 방법을 제공하라'는 5번 방법을 시행해야 할 것이다. 교사는 또 다른 회의를 하거나 혹은 파워레인저 놀이가 "모두의 안전을 지켜주면서 놀이할 수 있는" 방법을 찾을 수 없기 때문에 그 놀이를 금지해야 한다고 생각한다는 것을 유아들에게 말함으로써 이 방법을 이행할 수 있다. 그리고나서 교사는 파워레인저를 좋아하는 유아들이 바깥에서 놀이할 수 있는 다른 방법들에 대해 유아들과 생각을 나누며(유아들이 할 수 있는 다른 방법들에 대해 그림을 그리거나 특별 회의를 하는 것과 같이) 대화할 수 있다. 또한 교사는 파워레인저를 좋아하는 유아들이 그 놀이에 참가하지 못한다는 것을 기억하도록 도울 수 있는 것에 대한 생각들을 물어볼 수 있다. 이것은 다른 흥미거리나 관심 있는 놀이 주제에 대한 완전히 새로운 맥락의 논의를 시작하는 것이다.

문제 해결에 대한 교사의 이러한 접근은 기관에서나 가정에서 유아들과 관련된 모든 종류의 전쟁놀이 문제들을 해결하는 데 활용될 수 있을 것이다. 예를 들면, 안전과 학습을 촉진하는 놀이의 "규칙"을 만드는 한 방법으로써 그것을 활용하는 것 이상으로, 그것은 당신이 어떤 장난감을 구입할지, 그리고 어떤 텔레비전 프로그램을 보여줄지 그리고 많은 여러 가지 방법들에 대해 알도록 도와줄 수 있다. 다음 표는 유아들과 토론할 때 포함되어야 하는 다섯 가지 중요한 요소들을 요약해 놓은 것이다.

문제해결과정에서 유아와 함께 할 수 있는 다섯 가지

- 유아들이 이해할 수 있는 방법으로 발생한 문제에 대해 이야기하라.
- 가능한 해결책들을 제안하고 각각의 방법을 실천하거나 실천하지 못하는 방법에 대해 이야기하라.
- 유아들의 생각, 이슈, 관심들을 고려하여, 관련된 모든 유아들이 시도하는데 동의할 수 있는 한 가지 해결책을 선택하라.
- 그 해결책을 실행해보고 그 결과를 직접적으로 설명함으로써 그것을 실천하는 방법을 보여주라.
- 그 해결책을 어떻게 실천했는지 평가하고 그 해결책을 더 좋은 방법으로 어떻게 바꿀 수 있는지를 결정하라.

결 론 제8장

우리가 전쟁놀이 딜레마를 해결할 수 있을까?
유아들과 놀이를 위한 더 좋은 세상 만들기

유아들은 오래 전부터 전쟁과 무기 놀이에 참여해 왔다. 전쟁놀이는 유아들이 세상에 대해 갖게 된 생각과 발달에 기초한 이슈들을 다루도록 돕는 놀이의 한 형태이다. 사회는 이미지와 모델을 제공함으로써, 유아들이 전쟁놀이에서 무엇을 사용할 지 그리고 무엇을 배울지에 영향을 미친다. 그러므로 사회에 만연한 폭력(특히 오락 산업에 의해 유아들에게 팔리고 있는 폭력)을 생각하지 않고 오늘날의 전쟁놀이에 대해 생각 할 수 없다. 우리는 본 저서 전반에서 폭력의 판매가 유아들에게 얼마나 중요한 문제가 되는지를 보여주려고 하였다. 폭력의 판매는 유아들이 놀이하는 내용, 놀이하는 시기, 때, 놀이하는 방법, 그리고 놀이를 통해 배우는 것에 나쁜 영향을 미치고 있다.

오늘날 교실과 가정에 스며든, 유아 주변의 폭력적인 이미지들은 성인의 바램에 역행한다. 전쟁놀이를 제한하려고 시도하는 부모와 교사들은 자주 어려움을 겪는다. 전쟁놀이를 금지하는 교사들은 유아가 성인의 눈을 피해 구석진 읽기 방에서 소곤거리기, 운동장 단상 아래에서 주머니에 있는 전쟁놀잇감들 꺼내어 놀기 등으로 전쟁놀이를 계속하려 한다고 말한다. 전쟁놀이를 억제하려는 부모들은 자녀들이 많은 다양한 방면으로 폭력적인 텔레비전 프로그램과 전쟁놀이 장난감들에 노출되기 때문에 계속해서 금지하기가 어렵다고 말한다. 부모들은 수많은 폭력적인 이미지들 (잠옷에서나 도시락에서, 일요 신문에 동봉된 장난감 광고지에서, 텔레비전 스크린에서, 그리고 공항과 쇼핑몰에서)을 피하는 것은 불가능하다고 말한다.

부모와 교사들은 자신의 좌절과 통제 부족을 말할 뿐 아니라 그 상황을 개선시키기 위한 어떤 것을 하기를 서로에게 기대한다. 유아교육전문가들은 자녀에게 텔레비전에서 폭력적인 프로그램을 보도록 허용하는 부모들과 이러한 프로그램, 비디오게임, 그리고 더 나이든 유아들이 보는 영화들과 관련된 장난감과 상품들을 사주는 부모들을 비난한다. 전문가들은 부모에게 "텔레비전을 끄고 규칙을 정하라", 자녀에게 "안돼! 라고 말하라" 라고 요구한다.

한편, 부모들은 종종 폭력적인 놀이에 대한 자녀의 첫 관심의 자원으로써 기관과 집단 환경을 지적한다. "우리 아들은 유치원에 가기 전에는 파워레인저를 들어본 적이 없으며, 장난감 총을 갖고 싶어 하지 않았다." 라고 부모들은 말한다. 그러나 최근 몇 년 동안 점차적으로, 부모와 유아교육자들 모두 유아들이 폭력과 전쟁놀이에 몰입하도록 만드는 주범으로서 장난감 제조회사와 오락 산업을 더 많이 비난하고 있다.

부모와 유아교육전문가들의 비난에 대하여, 장난감 산업 대표자들은 시장이 장난감 제조 경향을 결정한다고 주장한다. 대표자들은 부모들이 자녀에게 최선이 무엇인지 안다고 말하고 "만약 부모들이 그런 장난감을 사주지 않는다면" 그런 장난감을 만들지 않을 것이라고 말한다. 대표자들은 보다 교묘한 방법으로 유아들에게 상품을 판매하는 데 드는 비용에 대해서 혹은 부모의 권위나 통제가 아이들의 생활에 더 이상 영향을 미치지 못하도록 만드는 전략들에 대해서는 언급하지 않는다.

또한 산업체는 판매 결정을 내릴 때, 어떤 상품이 유아, 가족, 기관, 혹은 사회에 도움이 될지에 대한 기준보다는 '인기가 있을지', 잘 팔릴지의 여부를 기준으로 삼는 경향이 있다. 어떠한 부정적인 영향도 산업체의 손익 계산에 반영되지 않으며 그들의 결정에 영향을 미치지 않는다. 그러나 이상적으로, 우리는 건강하고, 생산적이고, 사회적으로 책임감 있는 유아들을 기르기 위한 부모의 노력을 지원하는 사회 속에서 살고 있다. 반면에, 오락산업과 장난감 산업체는 매번 부모들의 노력을 헛되게 한다. 유아들의 건강한 삶(well-being)을 가장 걱정하는 사람들이 지불하는 비용에 의해 산업체는 거대한 힘과 수익을 얻게 된다.

유아들의 놀이를 결정짓는, 생활 속의 모든 폭력에 의해 야기되는 해로움을 없애기 위해 부모들과 유아교육자들이 할 수 있는 많은 것들을 본 저서의 3부에서 소개하였다. 그리고 유아들의 건전한 발달과 놀이를 장려하기 위해 할 수 있는 것들도 소개하였다. 그러나 유아들에게 거리낌 없이 판매하기 위해 폭력을 '재미있는 것'으로 생각하도록 하고 전쟁놀이에 스며들어 영향을 끼치는 그러한 환경을 변화시킬 때까지 전쟁놀이 딜레마는 완전히 해결되지 않을 것이다.

따라서 우리는 유아들의 관심과 산업체의 관심 간에 어느 정도의 힘의

균형을 회복하도록 도와줄 국가 정책이 필요하다고 생각한다. 많은 다른 나라에서는 이미 보다 나은 균형을 이루었다. 스웨덴과 노르웨이는 전쟁놀이 장난감을 판매할 때 성공적이고 자발적인 규제를 가진다. 몰타 공화국에서는 수입을 금지하고 있고, 그리스에서는 유아들을 향한 텔레비전 광고를 금지하고 있으며, 오스트레일리아에서는 전쟁놀이 장난감 수입에 대한 몇 가지 규제를 정해두고 있다. 유럽 의회에서는 각 주들이 전쟁놀이 장난감에 대한 광고를 금지하고 판매를 줄일 것을 권고한다. 그러나 미국 정부는 아직도 폭력을 촉진하는, 계속 증가하는 시장의 힘으로부터 그 나라 유아들을 보호하고 돌보아야 할 책임을 다하지 않고 있다. 사회가 유아들의 욕구를 제대로 충족시키지 못한 값은 궁극적으로 우리 모두의 몫으로 돌아올 것이다.

여러 해 동안 우리는 전쟁놀이 딜레마를 연구해오고 있고, 유아들의 현재 상황을 개선시키기 위한 여러 사회 계층의 사람들에 의해 수행되어온 수많은 사례들을 수집해왔다. 이러한 사례들은 유아들의 긍정적이고 사회적·정치적인 발달을 촉진하기 위한 노력들을 더 잘 지원하는 사회를 만들기 위해 우리가 할 수 있는 것, 해야 할 일들이 많다는 것을 깨닫게 해준다. 그리고 당신을 포함한 모두에게 전쟁놀이 딜레마를 해결하기 위해 유아들과 함께 노력하는 것뿐 아니라 전쟁놀이가 우리 모두, 특히 유아들에게 그러한 딜레마를 만드는 사회 상황을 변화시키기 위해 노력해야 한다는 것을 강조하면서 본 저서를 끝맺고자 한다.

부록

부록 1

전쟁놀이에 대한 질문과 답변

전쟁놀이에 대한 아래의 질문과 답변은, APA(America Psychological Association)와 NAEYC(National Association for the Education of Young Children)의 공동 프로젝트인 ACT 훈련 프로그램에서 협찬한 워크숍에서 사용되었던 것이다. APA에서 ACT 프로그램의 책임자인 Diane Levin과 Julia Silvia가 교재를 준비했다. 학교, 보육시설, 부모회, 그리고 유아와 그들의 부모들과 함께 활동하는 다른 조직들이 보급에 도움이 되었다.

1. 유아들이 장난감 칼, 총과 같은 공격성과 관련된 장난감을 가지고 노는 것이 해로운가?

많은 부모들과 교사들은 유아들이 장난감 총이나 다른 장난감 무기를 놀이에 사용하는 것에 대해 걱정한다. 이것에 대한 간단한 답변은 없다. 유아들은 가정, 학교, 이웃, 그리고 대중 매체를 통해 얻은 경험을 수행하고, 표현하고, 극복하기 위해 놀이를 한다. 그리고 만약 유아들이 진짜 혹은 가짜 폭력과 무기를 본다면, 놀이에 그것을 가져올 것이다. 무기놀이는 또한 유아들이 강해지고 힘 있게 느끼고 싶은 욕구를 충족시키는 한 가지 방법이다. 그러나 모든 무기놀이가 똑 같지는 않고, 그 놀이가 다른 사람에게 해로운지 아닌지를 보여주는 놀이의 본질을 밝히는 것이 중요하다. 놀이가 긍정적인 결과를 갖기 위해서는, 유아가 놀이를 주도해야 하고, 창의성과 상상력을 보여주고, 시간이 지남에 따라 변화해야 한다. 그것은 유아들이 경찰과 도둑놀이를 했던 과거의 다른 놀이와, 많은 무기놀이에서 일어났던 것이다. 그러나 유아들이 총에 노출되고, 뉴스와 텔레비전 프로그램, 영화, 비디오와 컴퓨터 게임에서의 싸움에 노출되는 것, 그리고 텔레비전 프로그램과 영화를 통해 '폭력 장난감'을 판매하는 것이 증가함으로써 최근에는 극적으로 변화되었다. 놀이는 대부분 모방적으로 되었다. 폭력 놀이는 종종 텔레비전 줄거리를 모방한다. 유아들은 그들의 발달적 욕구를 해결하기 위해 자신들의 생각을 놀이로 표현하는데 창의성과 상상력을 사용할 기회가 거의 없다. 이러한 종류의 무기놀이는 유아들에게 해로울 수 있으며 공격적인 행동의 발달에 원인이 될 수 있다.

2. 만약 유아들이 손가락이나 물건을 사용하여 무기를 나타낸다면, 어른들은 어떻게 해야 하는가?

당황하지 마라! 모든 사람이 안전하다고 확신하게 하라. 그런 다음, 유아들이 이해하려고 노력하는 것이 무엇인지, 그들이 걱정하는 것이 무엇인지에 대해 더 배우도록 전쟁놀이를 관찰하라. 놀이가 얼마나 창의적이고 상상적인지, 혹은 모방적이고 반복적인지, 시간이 지남에 따라 변화하는지 아닌지, 그리고 주로 폭력에 초점이 맞춰져 있는지 관찰하라. 놀이를 하는 동안과 끝난 후에 유아들과 대화하도록 노력하라. 예를 들어, 보다 더 개방적인 장난감, 구조용 자동차나 의료 장비와 같은 소품, 혹은 다음에 일어날 일에 대한 간단한 토론 등을 통하여 유아들이 놀이를 확장하는 방법을 알도록 도와주어라. 유아들이 죄책감을 느끼지 않게 놀이에 대해 질문을 하라. 여러분이 놀이를 주도하기보다는 유아들이 주도하도록 하라. 만약 놀이가 무섭고 위험해진다면, 조용히 중재하고 수정하라. 예를 들어, 유아에게 "다른 사람을 어떻게 도와주어야 할까?"라고 질문하거나 대안적인 장난감을 제공한다. 만약 유아들을 안전하게 지키지 못한다면 놀이를 중지시켜라. 일단 놀이가 끝나면, 그것에 대해 유아들과 대화를 나누어라. 안전에 대해 유아들을 재 확신시켜라. 질문에는 간단하게 답변하라. 혼란을 제거하라. 유아들이 폭력에 대해 배울 수 있는 해로운 내용들에 대한 대안을 이야기 하라. 예를 들어, 주인공이 싸우는 것 말고 문제를 해결할 수 있는 다른 방법이 있는지, 또는 그런 문제가 있을 때 실제에서는 어떻게 할지를 질문함으로써 대안책을 이야기하라.

부록 2

교육과정 망 예시

여기에서는 두 개의 교육과정 망을 제시하고 있는데, 하나는 오즈의 마법사를 사용한 것이고, 다른 하나는 우주 생물에 초점을 둔 유아들의 놀이와 관련된 주제를 개발한 것이다. 교사들은 이러한 교육과정 망들을 다양하게 활용할 수 있다. 교육과정 망은 다음에 일어날 것을 계획할 뿐 아니라 일어나고 있는 활동들을 계속 하도록 도와줄 수 있다. 교육과정 망은 교육과정이나 놀이 주제에 대한 많은 정보들을 시각적으로 명확하고 읽기 쉬운 방식으로 빠르게 기록하고 조직하는 기법을 제공한다. 두 개의 망이 같아 보이지는 않을 것이다. 망에 있는 정보는 특별한 상황에 따라 달라질 것이고, 사용된 범주들과 이 범주들을 연결하는 관계는 망의 근거와 기능에 따라 달라질 것이다.

예를 들면, 하나의 망은 주제, 활동 영역, 혹은 교사 중재와 관련되어 일어나는 것에 대한 정보를 기록하고, 새로운 주제를 계획하고, 이미 발생한 활동들을 심화하기 위해, 혹은 유아의 경험에 기초하여 개별 유아를 위한 계획을 세우기 위하여 사용될 것이다. 정기적으로(예, 주별, 혹은 특별한 주제의 시작, 중간, 그리고 끝에) 망을 짜는 것은 정규적인 절차를 통해 교육과정을 개발하도록 할 뿐 아니라 교육과정을 체계적으로 기록할 수 있도록 해준다. 교사들은 함께 망을 구성할 것이다. 그럴 경우, 망을 구성하는 작업은 각 교사가 획득한 정보를 빠르게 공유하기 위한 방법을 제공하고 공유된 목표와 반응들을 계획하기 위한 방법을 제공한다. 유아들이 참여하는 활동, 학습, 그리고 이슈들의 범위 뿐 아니라 전쟁놀이와 관련된, 교실에서 일어나고 있는 것에 대한 개관을 제공하기 위하여, 교사들은 망을 부모들과 함께 공유할 것이다.

일반적으로 망이 구성됨으로써 발생하는 정보의 조직화로 인해 교육과정 망을 구성하는 과정은 획득된 결과만큼이나 중요하다. 직선적이고 논리적인 방법으로(예, 일련의 수업) 정보를 조직하는, 보다 친숙한 방법과는 달리, 자유롭고 비직선적인 방법으로 브레인스토밍 하는 것은 처음에는 어려울 수 있기 때문에 첫 몇 가지 시도들은 가장 큰 도전이 된다.

다음의 두 가지 교육과정 망은 이러한 점들을 설명하고 있는 것이다.

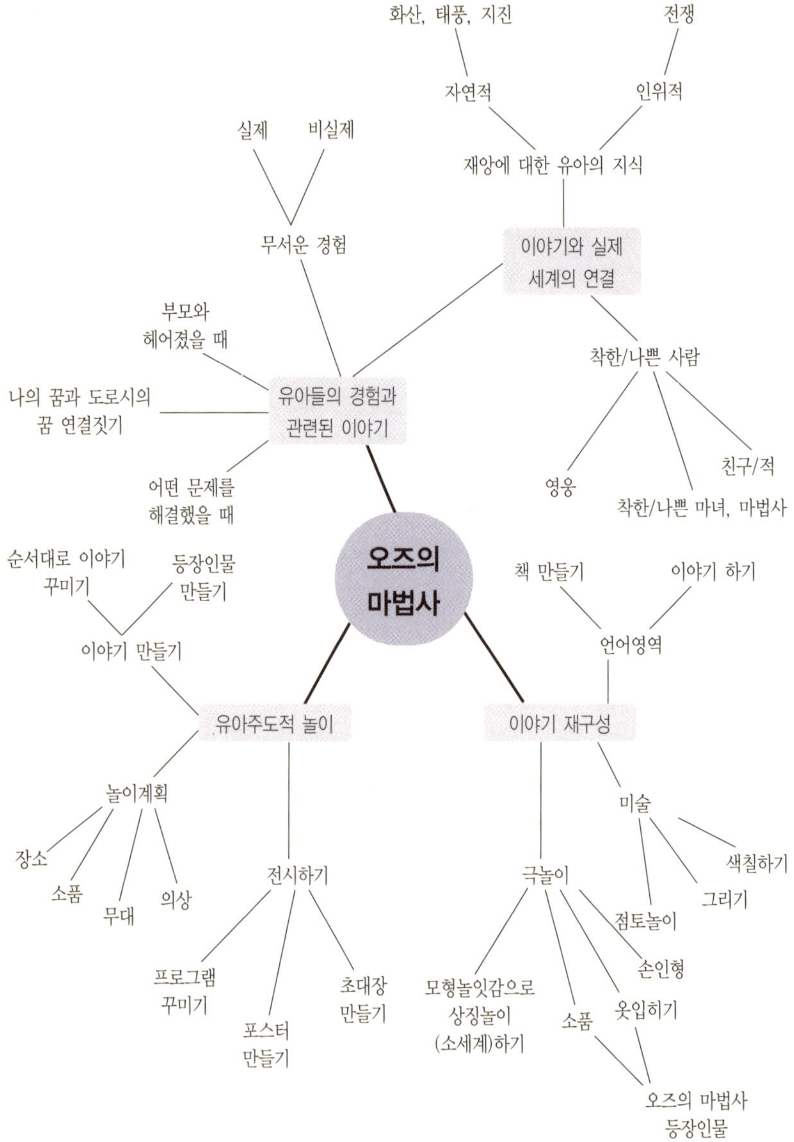
화산, 태풍, 지진
전쟁
자연적
인위적
실제
비실제
재앙에 대한 유아의 지식
무서운 경험
이야기와 실제 세계의 연결
부모와 헤어졌을 때
착한/나쁜 사람
나의 꿈과 도로시의 꿈 연결짓기
유아들의 경험과 관련된 이야기
친구/적
영웅
어떤 문제를 해결했을 때
착한/나쁜 마녀, 마법사
오즈의 마법사
순서대로 이야기 꾸미기
등장인물 만들기
책 만들기
이야기 하기
이야기 만들기
언어영역
유아주도적 놀이
이야기 재구성
놀이계획
미술
장소
색칠하기
소품
무대
의상
전시하기
극놀이
그리기
점토놀이
손인형
프로그램 꾸미기
초대장 만들기
포스터 만들기
모형놀잇감으로 상징놀이 (소세계)하기
소품
옷입히기
오즈의 마법사 등장인물

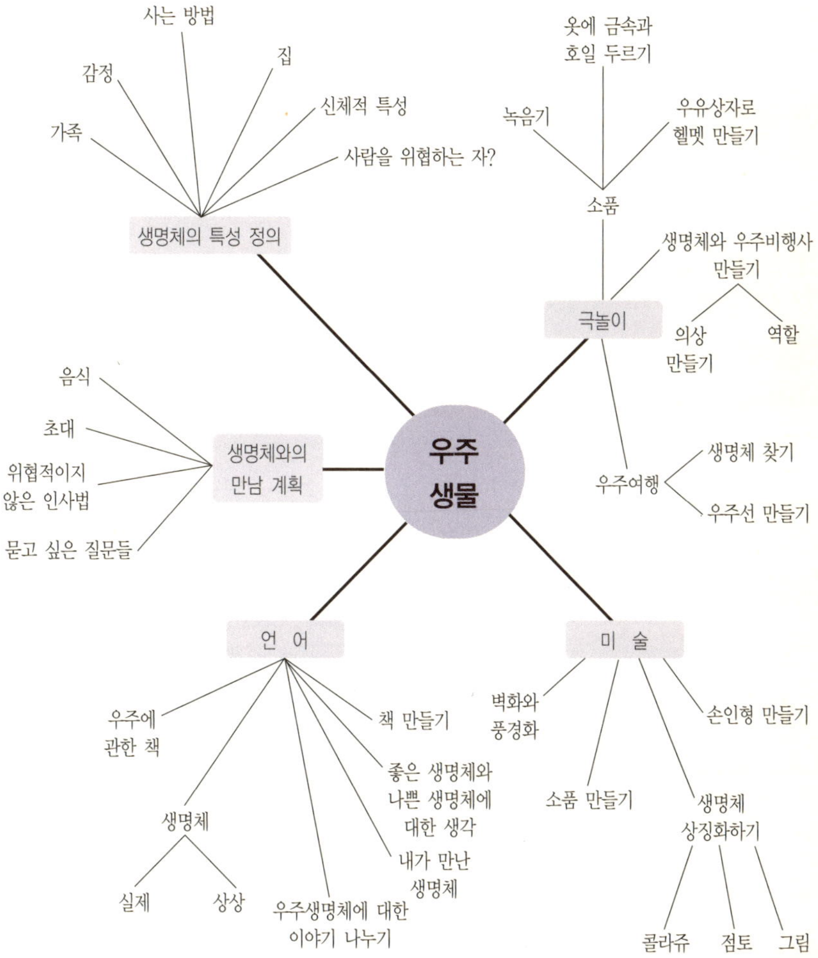

우주 생물
생명체의 특성 정의
가족
감정
사는 방법
집
신체적 특성
사람을 위협하는 자?
생명체와의 만남 계획
음식
초대
위협적이지 않은 인사법
묻고 싶은 질문들
극놀이
소품
녹음기
옷에 금속과 호일 두르기
우유상자로 헬멧 만들기
생명체와 우주비행사 만들기
의상 만들기
역할
우주여행
생명체 찾기
우주선 만들기
언 어
우주에 관한 책
책 만들기
좋은 생명체와 나쁜 생명체에 대한 생각
내가 만난 생명체
우주생명체에 대한 이야기 나누기
생명체
실제
상상
미 술
벽화와 풍경화
손인형 만들기
소품 만들기
생명체 상징화하기
콜라쥬
점토
그림

부록 3

전쟁놀이 딜레마를 해결하기 위한 자료들

1. 어른들을 위한 추가 자료

American Medical Association. (1996). *Physician guide to media violence*. Chicago: Author.

유아에 대한 미디어 폭력의 영향과 미디어 폭력에 대해 할 수 있는 것에 대해 독자가 알기 쉽게 해 놓은 요약물.

Bay, W. (2003). *Talking to your kids in tough tims: How to answer your child's questions about the world we live in.* New York: Warner.

유아들의 놀이에 포함된 광범위한 문제들(폭력을 포함한)에 대해 어른들이 유아들과 대화하도록 도와주는 내용.

Berk, L. (1994, November). Vygotsky's theory: The importance of make-believe play. *Young Children, 50*(1), 30-39.

유아의 놀이와 건강한 발달을 위한 놀이의 가치에 대해 비고츠키 이론의 요점을 보여주는 논문.

Bronson, M. (1995). *The right stuff for children birth to 8: Selecting play materials to support development*. Washington, DC: National Association for the Education of Young Children.

전통적인 놀이 자료와 그것이 놀이와 발달을 위해 제공할 수 있는 긍정적인 역할에 대한 개관.

Cantor, J. (1998). *"Mommy, I'm scared!" How TV and movies frighten children and what we can do to protect them*. New York: Harcourt Brace.

미디어 폭력이 유아들에게 미치는 유해성과 그것을 방어 할 수 있는 방법에 대한 논문.

Carlsson-Paige, N., & Levin, D. E. (1990). *Who's calling the shots? How to respond effectively to children's fascination with war play and war toys*. Gabriola Island, BC: New Society Publishers.

전쟁놀이가 왜 변화되고, 어떻게 변화되는지, 그러한 변화들이 유아에게 얼마나 해로운지, 그리고 유아들에 대한 유해성을 없애는 방법에 대한 실제적인 양육 도서.

Carlsson-Paige, N., & Levin, D. E. (1992, Winter). The subversion of healthy development and play: Teachers' reactions to the Teenage Mutant Ninja Turtles. *Day Care & Early Education, 19*(2), 14-20.

폭력 장난감과 연계된 폭력 매체가 학교에서 유아들의 행동과 놀이에 영향을 주는 방법에 대한 여러 연구들 중의 하나.

Carlsson-Paige, N., & Levin, D. E. (1998). *Before push comes to shove: Building conflict resolution skills with children*. St. Paul, MN: Redleaf Press. [Also see accompanying children's book, Best Day of the Week by N. Carlsson-Paige.]

갈등해결에 대한 생각들을 발달시키는 방법과 유아들을 양육하기 위해 우리가 할 수 있는 것들에 대한 실제적인 지침.

Carlsson, U., & von Feilitzen, C. (Eds.). (1998). *Children and media violence: Yearbook for the UNESCO International Clearinghouse on Children & Violence on the Screen*. Goteborg, Sweden: UNESCO International Clearinghouse on Children & Violence on the Screen.

매체 문제에 대한 정보센터로서 도움을 제공하는 UN과 연계된 조직으로부터 나온 세계적인 수준에서의 매체 폭력과 유아들에게 미치는 영향에 대한 포괄적인 관찰.

Child Magazine. (2003). *Feeling safe: Talking to children about war and terrorism*. New York: Barnes & Noble.

9월의 11차 세계 대회에서 제기된 문제들에 대해 어른들이 유아들과 대화하도록 도와주기 위한 잡지.

Cross, G. (1997). *Toys and the changing world of Americgn childhood*. Cambridge, MA: Harvard University Press.

장난감의 역사와 역할, 그리고 그 두 가지가 오늘날 어떻게 변화되고 있는지에 대해 조사한 내용.

DeGaetano, G. (2004). *Parenting well in a media age: Keeping our kids human*.

Fawnskin, CA: Personhood Press.
상업적이고, 매체가 제공한 문화에 둘러싸인 중심에 있는 유아들을 건강하게 키우기 위해 부모들을 도와주는 내용.

Developmental Studies Center. (1996). *Way we want our class to be*. Oakland, CA: Author.
유아들이 학습에 책임감 있고 조심스럽게 참여할 수 있게 하는 학급을 만드는 방법을 소개함.

Dyson, A. (1997). *Writing superheroes: contemporary childhood, popular culture, and classroom literacy*. New York: Teachers College Press.
유아들이 전쟁놀이에서처럼, 같은 종류의 내용 몇 가지에 대해 활동하기 위해 쓰기를 사용하는(그리고 동시에 문해 학습을 하고) 방법을 탐색한 내용.

Egenfeldt-Nielsen, S., & Smith, J. H. (2004). *Playing with fire: How do computer games influence the player?*. Goteborg, Sweden: Nordicom.
세계 곳곳에서 아동과 어린 유아에게 미치는 컴퓨터 게임의 특징과 영향에 대해 알려진 것에 대한 간결한 요약물.

Feinburg, S. G. (1973). *Combat in child art*. New York: Norton.
유아가 전쟁놀이에서와 같은 유사한 문제를 해결하도록 돕는 전투 미술의 역할에 대한 사례연구 분석.

Freud, A., & Burlingham, D. T. (1943). War and children. New York: Ernst Willard.

전쟁놀이에 대한 분석을 포함하여, 영국의 유아들에 대한 제2차 세계대전의 심리학적인 영향에 대한 고전적인 도서.

Fromberg, D., & Bergen, D. (Eds.). (in press). *Play from birth to twelve: Contexts, perspectives, and meanings* (2nd ed.). New York: Garland Press.

놀이의 광범위한 중요성과 그것에 영향을 미치는 현대의 문제들에 대해 놀이 현장에서 전문가들이 쓴 소논문들.

Garbarino, J. (1995). *Raising children in a socially toxic environment*. San Francisco: Jossey-Bass.

오늘날의 양육 스트레스의 원인이 되는 사회적 요인에 대한 비평.

Grossman, D., & DeGaetano, G. (1999). *Stop teaching our kids to kill: A call to action against TV, movie and video game violence*. New York: Crown.

폭력 비디오 게임과, 그것이 유아들을 폭력에 둔감해지도록 만드는 방법에 대한 비평.

Groves, B. (2002). Children who see too much: Lessons from the Child Witness to Violence Project. Boston: Beacon Press.

유아들에게 영향을 줄 수 있는 폭력 목격과 어른들이 유아들을 도와줄 수 있는 방법에 대한 가치 있는 도서.

Hoffman, D. (2004). *Magic capes, amazing powers: Transforming superhero play in the classroom*. St. Paul, MN: Redleaf Press.

교실에서의 영웅놀이, 그 뒤의 열정, 그리고 교사가 그것을 동력화 할 수 있는 방법에 대한 깊이 있는 고찰.

Jones, J. (2002). *Killing monsters: Why children need fantasy, super heroes, and make-believe violence*. New York: Basic Books.

오늘날의 매체가 힘과 공포, 안전 문제들을 다루게 되는 내용들을 유아들에게 제공하는 것에 반대하기 위한 전쟁놀이 논쟁의 발달적 측면을 과소 평가.

Katch, J. (2001). *Under deadman's skin: Discovering the meaning of children's violent play*. Beacon Press.

Vivian Paley의 경우에서처럼, 유아에 대한 폭력의 영향을 줄이는 방법을 위한 제안점들과 함께, 5~6세 유아들이 폭력을 행하는 방법에 대한 뜻 깊은 이야기.

Katch, J. (2003). *They don't like me: Lessons on bullying and teasing from a preschool classroom*. Boston: Beacon Press.

학급에서 골목대장 행동을 이해하고 연구하는 한 교사의 노력에 대한 흥미로운 이야기.

Koplow, L. (Ed). (1996). *Unsmiling Faces: How preschools can heal*. New York: Teachers College Press.

어린 유아의 정서 생활을 이해하기에 가치 있는 책. 교실에서의 정서와 외상을 포함하고 치료하는 틀을 제공.

Kreidler, W., & Whitall, S. (1999). *Adventures in peacemaking: A conflict resolution guide for early childhood educators* (2nd ed.). Cambridge, MA: Educators for Social Responsibility.

유아 교사들이 갈등을 해결하는데 비폭력적인 방법을 사용하도록 가르치는 것을 도와주는 활동 지침.

Levin, D. E. (1996). Endangered play, endangered development and learning. In A. Phillips (Ed.), *Playing for keeps* (pp.73-88). St. Paul, MN: Redleaf Press.

놀이의 중요성, 사회가 일반적으로 그것의 발달을 훼손하는 방법, 그리고 이것이 유아의 발달, 학습, 행동에 해로운 원인이 되는 것에 대한 비평문.

Levin, D. E. (1998). *Remote control childhood? Combating the hazards of media culture*. Washington, DC: National Association for the Education of Young Children.

오늘날의 매체 문화에서 긍정적인 발달과 학습을 촉진하기 위해 우리가 할 수 있는 것에 대한 포괄적인 매체 문해 안내.

Levin, D. E. (2003). *Teaching young children in violent times: Building a peaceable classroom* (2nd ed.). Cambridge, MA: Educators for Social Responsibility and Washington, DC: National Association for the Education of Young Children.

우리의 폭력적인 사회가 유아들에게 가르치는 유해한 내용을 없애는 실제적인 전략들과, 갈등과 폭력 문제에 대해 유아들과 나누는 대화의 사례 제공.

Levin, D. E. (2003). When the world is a dangerous place. *Educational Leadership, 60*(7), 72-75.

유아들이 뉴스에서 본 폭력을 처리하도록 돕는데 적극적인 역할을 하고자 하는 교육자들에게 정보를 제공.

Levin, D. E. (2005). "So sexy, so soon: The sexualization of childhood." In S. Olfman (Ed.), *Childhood lost: How American culture is failing our kids* (pp.137-153). Westport, CT: Praeger Press.

폭력과 같이, 성(sex)이 어떻게 유아들에게 판매 도구로 이용되어지는지, 그리고 이것이 유아들의 성(gender) 발달, 자아상, 다른 사람과의 관계 등에 일으키는 문제점들을 세밀하게 관찰.

Levin, D. E. & Carlsson-Paige, N. (1995, September). The "Mighty Morphin Power Rangers": Teachers voice concern. *Young Children, 50*(6), 67-72.

파워레인저와 같은 프로그램이 유아들과 교실에서 미치는 영향에 대한 교사의 관심을 기록한 논문.

Levin, D. E. & Carlsson-Paige, N. (2004, February). Marketing violence: The special toll on young children of color. *Journal of Negro Education* [Theme issue on commercialism and children of color], *62*(4), 427-437.

유아들에게 색깔로 폭력을 판매하는 특별한 위험에 대한 논문.

Levine, M, L. (1998). *See no evil: A guide to protecting our children from media*

violence. San Francisco: Jossey-Bass.
미디어 폭력이 유아의 각 발달 단계에 어떻게 영향을 미치는지 알려주고, 부모들이 건강하고 연령에-적합한 텔레비전 프로그램과 영화를 찾도록 도와주는 유용한 안내서.

Linn, S. (2004). *Consuming kids: The hostile takeover of childhood*. New York: New Press.
우리들의 소비자 문화에서 유아들에게 판매하는 것과 그것이 유아의 삶을 형성하는 방법에 대해 부모들을 일깨워 주는 발행물.

Olfman, S. (Ed). (2003). *All work and no play...how educational reforms are harming our preschoolers*. Westport, CT: Greenwood/Praeger.
놀이의 중요성과 유아들에 대한 학문적인 압력으로 인해 놀이가 어떻게 사라지게 되었는지에 대한 수필 모음집.

Olfman, S. (Ed). (2005). *Childhood lost: How American culture is failing our kids*. Westport, CT: Greenwood/Praeger.
아동의 건강, 발달, 행동을 해치는 현대사회의 방식에 대한 수필 모음집.

Paley, V. G. (1984). *Bad guys don't have birthdays: Fantasy play at four*. Chicago: University of Chicago Press.
유치원 유아의 환상적인 생활과 그들의 건강한 발달에 대한 환상놀이의 필수적인 역할을 알려주는 매력적인 도서.

Paley, V. G. (1984). *Boy and girls: Superheroes in the doll corner*. Chicago:

University of Chicago Press.
남자아이의 영웅놀이와 여자아이들의 소꿉놀이, 그러한 놀이들이 유아들에게 갖는 의미, 그리고 유아들과 함께 활동하는 성인들에 대한 시사점에 대한 도서.

Piaget, J. (1951). *Play, dreams, and imitation in childhood*. New York: Norton. (Original French edition published 1945)
유아기에서의 모방과 놀이에 대한 평가, 생의 초기에 이러한 발달과 변화가 이루어지는 방법에 대한 이론적 연구.

Piaget, J. (1965). *The moral judgement of the child*. New York: Free Press. (불어판 원본 발간 1932)
규칙, 거짓말, 속이기, 성인의 권위, 벌, 책임감 등을 포함한 아동의 도덕성에 대한 고전적인 연구.

Pollack, W. (1998). *Real boys: Rescuing our sons from the myths of boyhood*. New York: Random House.
부모들과 다른 성인들이 발육기 남아의 욕구에 반응하도록 도와주는 책.

Ravitch, D., & Viteritti, J. (2003). *Kids stuff: Marketing sex and violence to America's children*. Baltimore, MD: Johns Hopkins University Press.
유아들에게 필요한 지침을 제공할 수 있는 해결방안을 제안하는 것을 포함하여, 오늘날 매체의 중독성에 대한 수필 모음집.

Ready by 5. (1995). *Moving young children's play away from TV violence*.

Baltimore, MD: Author.

Ready by 5. (1998). *Bring parents into the picture*. Baltimore, MD: Author. [Companion to above].

이 두 책은 집단 상황과 가정에서 전쟁놀이를 해결하기 위한 정보와 전략들을 제공.

Rideout, V., Vandewater, E., & Wartella, E. (Fall, 2003). *Zero to six: Electronic media in the lives of infants, toddlers and preschoolers*. Menlo Park, CA: Kaiser Family Foundation Report.

아주 어린 유아들(6개월부터 6세까지) 사이에서의 매체 사용에 대해 최초로 공공연하게 공개된 국가적 연구.

Schor, J. (2005). *Born to buy: The commercialized child and the new consumer culture*. New York: Scribner.

판매자들이 이익을 위해 아동과 유아들을 이용하는 방법과 이것이 유아들에게 미치는 파괴적인 효과를 밝힌 책.

Steyer, J. (2002). *The other parent*. New York: Atria Books.

오늘날 매체가 유아들을 공격하는 방법과 부모들이 이러한 이미지와 영향들을 반격하는 방법에 대한 읽기 쉬운 책.

Terr, L. C. (1990). *Too scared to cry: Psychic trauma in childhood*. New York: Harper & Row.

외상적인 경험이 유아의 놀이에 미치는 특별한 영향을 규명한 획기적인 도서.

Vance, E., & Weaver, P. J. (2002). *Class meetings: Young children solving problems together*. Washington, DC: National Association for the Education of Young children.

관심을 공유하는 문제에 대해 유아 집단과 대화하는 방법의 유용한 정보와 사례를 제공.

Wheeler, E. (2004). *Conflict resolution in early childhood: Helping children understand and resolve conflicts*. Englewood Cliffs, NJ: Prentice-Hall.

유아들이 갈등해결을 배우는 방법과 유아들을 도와줄 수 있는 일에 대해 우리가 알고 있는 것에 대한 포괄적인 설명.

2. 전쟁놀이와 관련문제들을 다루는 단체

Alliance for Childhood

P.O. Box 444, College Park, MD 20741

(301) 779-1033; www.allianceforChildhood.net

유아의 건강한 발달과 놀이를 지원하기 위한 정책 및 실제를 촉구하는 단체

American Academy of Pediatrics

14 Northwest Point Boulevard, Elk Grove Village, IL 60007

(847) 434-4000; www.aap.org

소아과 의사를 위한 정보를 담은 소책자와 매체 폭력 및 대중문화 문제

에 대한 정책관련 입장 진술을 준비하는 단체

American Psychological Association

750 First Street, NE, Washington, DC 20002-4242

(800) 374-2721; www.apa.org

공동체에 기초한 유아기 폭력 예방 프로그램인 성인과 아동이 함께(Adults and Children Together; ACT) 폭력에 반대하는 것을 후원하고, 부록 1의 www.actagainstviolence.org에서 부모와 유아 교사들을 위한 "전쟁놀이에 대한 질의, 응답" 소책자를 배부하는 단체

Campaign for a Commercial-Free Childhood

Judge Baker Children's Center, Harvard Medical School

53 Parker Hill Avenue, Boston, MA

(617) 278-4105; www.commercialFreechildhood.org

유아들을 해치는 판매 실제를 중지시키기 위한 연대

Center for Media Literacy

3101 Ocean Park Boulevard, Suite 200, Santa Monica, CA 90495

(800) 228-4630; www.medialit.org

비난을 넘어서 매체 문해 교육과정을 포함하는 최고의 매체 문해 자료 목록 센터

Coalition for Quality Children's Video and kids First

112 W. San Francisco Street, Suite 305A, Santa Fe, NM 87501

(505) 989-8076; www.cqcm.org/kidsfirst

아동 비디오 등급매기기와 촉진 연대모임

Commercial Alert

3719 SE Hawthorne Boulevard, #281, Portland, OR 97214

(501) 235-8012; www.commercialalert.org

아동에게 유해한 판매와 상법주의를 제한하는 정책 옹호.

Common Sense Media

5002 Treat Avenue, Suite 100, San Francisco, CA 94110

(415) 643-6300; www.commonsensemedia.org

유아들의 현명한 매체 사용을 위한 자원을 제공(최신 논평, 발달적인 준거에 기초한 평가와 부모 워크숍을 위한 자료를 포함).

Concerned Educators Allied for a Safe Environment (CEASE)

52 Frost Street, Cambridge, MA 02140

www.peaceeducators.org

전쟁놀이를 포함하여 유아에게 해로운 총체적인 문제들에 대한 정책을 교육하는 부모와 교육자들의 국가적 조직.

Educators for Social Responsibility

23 Garden-Street, Cambridge, MA 02138

(617) 492-1764; www.esrnational.org

학교체제에서 평화교육과정을 촉진함. 평화 교육 문제들에 대한 교육과정 자료(유아기에서 고등학교 까지)를 만들고 배부함.

National Association for the Educators of Young Children

1509 16th Street, NW, Washington, DC 20036

(202) 232-8777; (200) 424-2460; www.naeyc.org

전문가와 부모들을 위한 많은 자원(도서, 팸플릿, 전단지, 잡지 등) 제공.

National Institute on Media & the Family

2450 Riverside Avenue, Minneapolis, MN 55454

(888) 672-KIDS; www.mdiaandthefamily.org

유아들에 대한 매체 생산자들의 영향을 등급 매기는 회보; 매체 문해 자료 제작.

Playing for Keeps

116 West Illinois, Suite 5E, Chicago, IL 60610

(877) 755-5347; www.playingforkeeps.org

삶의 질을 개선하고, 건강하고 구성주의적인 놀이를 촉진함으로써 유아들의 학습을 지원.

Teachers Resisting Unhealthy Children's Entertainment (TRUCE)

P.O. Box 441261, W. Somerville, MA 02144

www.truceteachers.org; e-mail: truceteachers@aol.com

"Toy Action Guide"와 "Midea Violent Action Guide", 그리고 부모들을 위한 다른 지침들을 준비하는 교사들 모임.

TV-Turnoff Network

1200 29th Street, NW, Washington, DC 20007

(202) 333-9220; www.tvturnoff.org

일주일간 TV끄기 연보와 공동체의 노력을 지지하기 위한 자료를 조직함.

UNESCO International Clearinghouse on Children, Youth & Media

Nordicom, Goteborg University, Box 713, SE 405 30 Goteborg, Sweden

www.nordicom.gu.se

매체, 매체 폭력, 그리고 아동에 대해 세계적인 수준에서 자료를 출판하고 배부하는 국제연합(UN) 정보센터.

3. 전쟁놀이와 관련문제들을 다루고 있는 VIDEO와 DVD들

이 비디오들은 미디어 교육 재단(www.mediaed.org. 60 Masonic Street, Northampton, MA 01060)에서 배부하였다.

Beyond Good and Evil: Children, Media and Violent Times

선과 악, 친구와 적에 대한 유아들의 생각을 매체가 어떻게 형성하는지, 그리고 폭력의 문화가 유아들을 사회화 시키는 방법을 설명.

Game Over: Gender, Race, and Violence in Video Games

비디오 게임이 성, 인종, 폭력을 이용하는 방법을 설명.

Mickey Mouse Monopoly: Disney, Childhood, and Coporate Power

유아기를 형성하는 데서의 디즈니의 역할과 디즈니 영화에 원래보터 있던 역사, 성, 그리고 인종 집단에 대한 정형화된 메시지의 근본을 고찰.

4. 전쟁놀이, 관련문제들을 다루고 있는 유아용 도서들의 예

Althea. (1981). *Desmond and the monsters*. Cambridge: Dinosaur Publications.

Baum, L. F. (1979). *The wizard of Oz*. New York: Ballantine Books.

Beckwith, K. (2005). *Playing war. Gardiner*. ME: Tilbury Press.

Cantor, J. (2004). *Teddy's TV troubles. Madison*. WI: Goblin Fern Press.

Carlsson-Paige, N. (1998). *The best day of the week*. St. Paul, MN: Redleaf Press.

Fox, M. (1994). *Tough Boris. San Diego*. CA: Voyager Books.

Seeger, P. (1994). *Abiyoyo*. New York: Aladdin Paperbacks.

Sendak, M. (1963). *Where the wild things are*. New York: Harper-Row.

저자소개

Diane E. Levin은 Boston에 있는 Wheelock College의 교수이며, 25년 동안 유아교육 및 인간발달을 강의하고 있다. 학부과정은 Cornell University에서 아동발달을 전공하였고, Wheelock College에서 특수교육으로 석사학위를 받았으며, Tufts University에서 교육사회학과 아동발달로 박사학위를 받았다. [Teaching Young Children in violent Times: Building a Peaceable Classroom]과 [Remote Control Childhood? Combating the Hazards of Media Culture]라는 책을 저술하였고, 그 외에도 여러 편의 논문과 책의 일부를 저술하였다. Diane는 정서장애아를 대상으로 하는 집단치료사와 유치원 교사로 활동한 바 있다. 또한 Teachers Resisting Unhealthy Children's Entertainment(TRUCE)와 Campaign for a Commercial-Free Childhood (CCFC)의 설립자이기도 하다.

Nancy Carlsson-Paige는 Cambridge에 있는 Lesley University의 교수이며, 25년 동안 아동발달과 갈등 해결을 강의하고 있다. 학부과정은 Syracuse University에서 특수교육을 전공하였고, Lesley University에서 열린교육으로 석사학위를 받았으며, University of Massachusetts에서 세계화교육으로 박사학위를 받았다. Lesley University의 Center for Peaceable Schools의 공동설립자이며 Conflict Resolution and Reaceable Schools의 석사학위과정을 개설하였다. 평화로운 교실과 세계화교육에 대한 책들에서 여러 장들을 저술하였다. 자신들의 방식으로 갈등을 해결해 나가는 두 어린이의 갈등해결기술에 대한 이야기를 쓴 어린이 도서 [Best Day of the Week]를 저술하였다.

20년 이상, Diane과 Nancy는 폭력 특히 매체에서의 폭력이 유아의 사회적 발달에 미치는 영향과 유아가 관계를 유지하고 긍정적으로 갈등을 해결하는 기술을 배우는 방식에 대해 연구해 왔다. 두 사람은 유아와 갈등 해결에 영향을 미치는 매체와 폭력의 영향에 대한 세 권의 책(Who's calling the Shots? Before Push Comes to Shove: Building Conflict Resolution Skills with Children 등)과 여러 편의 논문을 공동 저술하였다.

Nancy와 Diane은 Lesley University의 Center for Peaceable Schools의 공동연구자이다. 이들은 NAEYC의 유아의 생활에서의 폭력 부분의 공동 위원이다. 유아교육 분야에서의 뛰어난 지도력으로 Boston 유아교육협회의 Abigail Elliot 상을 공동 수상하였으며, Concerned Educators Allied for a Safe Environment에서 수여하는 평화상을 공동 수상한 바 있다.

역자소개

손원경
신라대학교 유아교육과 조교수
부산대학교 대학원 유아교육학과, 교육학 박사
wkson@silla.ac.kr

남미경
대구한의대학교 아동복지학과 전임강사
부산대학교 대학원 유아교육학과, 교육학 박사
namrosa@dhu.ac.kr

김남희
강원대학교 영유아보육학과 전임강사
부산대학교 대학원 유아교육학과, 교육학 박사
nhkim@kangwon.ac.kr

전쟁놀이에 대한 새로운 접근

초판 1쇄 인쇄 2008년 1월 10일
초판 1쇄 발행 2008년 1월 15일

역 자 | 손원경 · 남미경 · 김남희
펴 낸 이 | 김기섭
책임편집 | 박윤정
펴 낸 곳 | 창지사 www.changjisa.com
121-809 서울시 마포구 대흥동 161
전화 (02) 719-2211~3
팩스 (02) 701-9386
팩스 (02) 701-9386
등 록 | 1977년 4월 28일 · 제1-421호

ISBN 978-89-426-1079-2 93370
값 10,000원